De demonios y desesperanza:

Crónicas de una depresión

Por M.F. Dávila

DEDICATORIA

Gracias a todas las personas que estuvieron ahí, gracias por su apoyo. Gracias por creer que lo aquí plasmado vale la pena mostrarlo al mundo. Gracias por sus palabras de apoyo, sus consejos.

A mis papás que, aunque ignoran este documento, siguen estando ahí para mí. Para todo lo que necesito, su amor, su paciencia... gracias eternas. A mis hermanos por ser parte de mi soporte. Gracias eternas por su apoyo incondicional, sus consejos, sus regaños, sus risas, sus lágrimas, su tiempo.

Jenny, Isabel, Carlos. Mis amigos del alma, les debo tanto. Son los mejores amigos que una persona pudiese pedir, doy gracias por haber coincidido en tiempo y espacio con ustedes. Son de lo más valioso que tengo en esta vida. Gracias.

Podría escribir páginas enteras con más personas que han impactado de forma positiva mi vida; maestra Erika, Isis, Melissa, Paloma, Emmanuel, Jaime, Alejandra, Gustavo, Piri,

Román, Raúl. Todos y cada uno de ustedes, gracias por su granito o granote de arena en el proyecto. Esto es por y para ustedes.

PRÓLOGO

Todo tiene una razón de ser, nada es dejado al azar. Cada paso que tomamos, cada victoria, cada tropiezo, cada vivencia... nuestra existencia es el resultado de las decisiones que tomamos. Día a día forjamos nuestros destinos y los entrelazamos con los que nos rodea, familiares, amigos, incluso desconocidos.

La vida es en resumen de todo lo que experimentamos. No podemos darla por sentado y sobre todo tenemos que atrevernos a vivirla. ¿Por qué? ¿Qué sentido tiene la vida entonces si no la vivimos? ¿Qué es lo que nos preocupa entonces? ¿Miedo al fracaso? ¿Miedo a la soledad? ¿Miedo a las críticas? Vivimos en función de terceros, en vez de vivir en función de nosotros.

Con la modernidad y los tiempos actuales, las cosas se aceleran. Los acontecimientos diarios adquieren tintes exprés, que se traspasan a contextos de costumbres y tradiciones, cambiando a nuestras sociedades.

¿Cómo hacerle frente a esta acelerada realidad? ¿Cómo seguirle el paso y no quedarse atrás? Esa respuesta es personal. Cada uno de nosotros enfrenta los retos que se nos presentan en el momento de manera única. La particularidad no radica en el sistema de creencias, que aunque tiene un peso extremadamente poderoso en esto, no es el que dicta al final el rumbo a seguir.

Eso amigos míos, se encuentra muy dentro de la persona. Las capacidades, herramientas, las fortalezas internas individuales son las que al final hacen ganar o perder guerras.

La mía estuvo perdida. Yo misma lo declaré así. Y hasta no hace mucho tiempo vivía bajo esa premisa. ¿Y qué ha cambiado? De un par de días atrás en realidad no mucho, pero si leo las primeras entradas en 2010, un mundo entero me separa de lo que fui.

No es que ya no me deprima, no es que en realidad encontrara la cura mágica para la depresión. Es simplemente que aprendí que soy la mejor versión de mí misma. Soy la mejor Fernanda que pudo haber existido en este tiempo, lugar y espacio. No es fácil llegar a esa conclusión. Nada fácil. Sobre todo cuando tu historial sigue anclado a ti. Cuando tus errores se ven reflejados en lo que te rodea, cuando los demás siguen recordándote todo lo que no llegaste a ser.

Eso es lo difícil. Poder ver lo anterior y seguir pensando que eres tu mejor versión. No seguir pretendiendo traer glorias del pasado y no querer regresar en el tiempo y cambiar algunas cosas, o todas.

Soy la mejor versión de mi persona que puedo llegar a ser en este momento. Y sí, tengo que repetírmelo una y otra y otra vez. No por el miedo que esto no sea verdad, porque lo es. Es porque sé que fui, soy y seguiré siendo una persona vulnerable. Más vulnerable de factores externos que los demás. Mi condición me vuelve así, no lo niego.

Nunca negaré que sufro de depresión. Fui diagnosticada hace años con trastorno depresivo. Primero depresión mayor, luego el título cambió a distimia, terminó en trastorno depresivo recurrente. Fueron y vinieron sintomatologías psicóticas que le pusieron segundo nombre al asunto, terminando con trastorno depresivo recurrente con sintomatología psicótica. Ahora en vez de "con", "sin".

Eso no cambiará. Ya acepté eso. Ahora puedo hacerle frente. Ahora puedo de verdad tratar de hacer algo al respecto, no sólo escribir. Mi diagnóstico ya no me ata.

Estas entradas representan años y años de luchas constantes, de batallas perdidas, batallas ganadas. La guerra continúa, y lo seguirá haciendo hasta mi última inhalación. La diferencia radica en que no seré yo la que decida el final. No seré yo la que deje de luchar.

El proceso ha sido largo y lo continuará siendo, es difícil, desgastante. Pero gracias a él puedo tener otra perspectiva de las cosas. Ya los árboles no me tapan el bosque. Y gracias a esto puedo valorar realmente lo que tengo, las personas que me rodean y que no fueron simplemente entes de paso en este camino, mi camino. A ellos les debo mucho de lo que soy. Gracias, eternamente gracias.

Seguiré luchando, cosas nuevas vienen para mí, es hora de arriesgarse, de recibir los retos y sonreír. Sonreír porque acepto mi pasado y estoy lista para ser mi mejor versión en el futuro. Ya no más miedos, ya no más dudas, ya no más tribulaciones.

Sólo me queda agregar que espero que de alguna manera u otra tomen mi historia y saquen provecho de ella. Ya sea que se vean reflejados o que les ayude a entender a personas similares a mí. Cualquiera sea su motivo gracias por escuchar lo que tenía que decir en todos esos años y momentos que no pude decirlo a nadie. Gracias por leer partes tan profundas de mi persona. Gracias.

Contenido

DEDICATORIA 3

PRÓLOGO 5

PARTE I 11

    2010 11

PARTE II 63

    2011 63

PARTE III 108

    2012 108

PARTE IV 147

    2013 147

PARTE V 193

    2014 193

PARTE VI 223

    2015 223

PARTE VII 255

    Tus canciones. 255

EPÍLOGO 265

PARTE I

2010

Capítulo 1

Lunes 8 de febrero, 2010

Ayer fue mi cumpleaños #20. Y por una "extraña" razón no pude evitar sentir que fue uno de los días más vacíos de los que he tenido. Rodeada por amigos, familiares. Gente que dice quererme, gente que suele preocuparse por mí… no significó casi nada. La sensación y sentimientos de no pertenecer o encajar en la situación estuvieron SIEMPRE ahí.

Como una sombra acechando a la luz. Fui muy infeliz. Me di cuenta de que siempre tengo altas expectativas de las personas y siempre salgo dañada. No ha existido un maldito día el cual sea al revés. A lo mejor es verdad. Es porque soy poca cosa y sólo yo soy la que me elevo sobre mis pensamientos, acciones.

Quisiera salir corriendo de aquí. Perderme en la inmensidad, ¡huir! Una cabaña en lo más profundo del bosque. Solitaria. Secándome con mis penas y mi dolor. Quisiera poder llorar y quitarme este inmenso peso de encima. Quisiera decirle a la gente que NO estoy bien, que nunca lo he estado y que por lo visto nunca lo estaré.

Quisiera poder dejar de sentir, dejar de sufrir, dejar de morirme cada vez que esbozo una falsa sonrisa. Un falso "me la pasé súper bien en mi cumple". Quisiera poder cerrar los ojos y ya nunca más abrirlos en este mundo. Quisiera poder sentirme por una solo vez en la vida… a gusto, feliz. Todo sería más fácil si tuviese el valor de morir. No lo tengo. Lo he pensado un millar de veces. Ayer más de lo habitual.

GOD DRAG ME OUT OF THIS SHIT. Can't keep going like this. Can't keep smiling and saying happy things. Quisiera ser feliz en mi mundo. ODIO MI VIDA. ODIO MI CARRERA. ODIO TODAS LAS DECIONES QUE HE TOMADO.

Capítulo 2

Miércoles 3 de marzo, 2010

Pros y contras de estar en medicina:

*Pros

"Supuestamente me gusta", "es lo que quiero". ¿Pero por qué? ¿Es acaso otro espejismo, una ilusión más? No sé qué hacer.

Veo mi vida deshacerse y no puedo hacer nada para evitarlo. Siento que cada paso que doy me alejo más de lo que algún día soñé. Me siento vacía.

Quiero llorar, salir corriendo, huir… dejar todo morir de una vez por todas.

Medicina se ha convertido en una carga tan pesada que me es imposible continuar. Llevo 2 años perdidos en mi sufrimiento sin si quiera saber si es lo que realmente quiero. ¿Cómo es que llegué a esta situación?

Todo comienza años atrás. Siempre he sabido que en mi mente todo trabaja de manera peculiar. Esto me lleva a ser única, al igual que a mis enfermedades mentales.

No quiero pensar más. Sólo quiero seguir con mi vida.

Medicina.

Sólo quiero ayudar a gente como yo. Gente que no puede ver una luz al final del camino. Que se siente atrapada en un hoyo. Que siente que se hunde en un abismo el cual es eterno.

Quisiera poder ayudar a gente como yo… en cierta manera porque quiero compensar el hecho que no he tenido el valor suficiente de pedirla para mí.

Quisiera ayudar con el peso de los demás. Esas sombras que comen lentamente el alma y cuerpo de quienes la rodean. Quiero poder mirarme en el espejo y verme ayudando a miles de personas que sufrieron y viven día con día la pesadilla de estar atrapados en un torbellino.

Eso es lo que me mantiene en medicina. Esa idea de ayudar a los que son como yo.

A lo mejor es la forma en que trato de aferrarme al hecho de que estoy gritando a los cuatro vientos y sigo sin recibir ayuda.

Todo lo he hecho yo, todo lo que he recibido ha sido porque llegué a puntos en mi vida en los que era eso o nada. No sé si esa sea mi verdadera vocación.

En estos momentos me siento tan inútil. La medicina es un arte. Tienes que amarla. Yo no lo hago. Tienes que sentirla. Yo no tengo receptores.

Soy como un barquillo a la deriva dejando que el viento decida el rumbo. Y lo que más temo en estos momentos es despertarme un día y ver que llegué a un sitio en el cual no quiero estar. No sé qué hacer. Me siento dividida. Quiero gritar. Quiero llorar. Quiero dejar todo. No puedo hacerlo.

No tengo el valor de dejarlo todo. Tengo el miedo del qué dirán. No el de mis compañeros de clase. Eso ni siquiera me preocupa. Mi familia. El que me juzguen más de lo que ya lo han hecho.

El estar en medicina me da un valor, una posición. No quiero perderla. No quiero decepcionar. No quiero sentir el rechazo. Odiaría sus críticas, sus comentarios. Odio a mi familia por hacerme sentir culpable. Los odio por hacerme querer complacerlos, por siempre querer que digan algo positivo de mí. Los odio porque me hacen buscar su aprobación. ¿Qué no soy lo suficientemente buena ya así como soy? ¿Por qué no me aceptan? ¿Por qué nunca dicen que me quieren? ¿Por qué tanta frialdad? ¿Tanta distancia? Odio que sean así.

Odio que entre ustedes sean unidos y que conmigo un mar nos separe. ODIO TODO LO QUE ESTEDES REPRESENTAN Y LO QUE PROVOCAN EN MÍ. ODIO QUE ME HACEN SENTIR MENOS. ¡ODIO TODO!

Odio el hecho de que no sé qué quiero, odio el hecho de que no me considero buena en nada. He perdido la fe en mí. He perdido todo lo que una persona puede estar orgullosa de sí misma. Soy un cascarón. Vacía.

Soy un espejo, reflejo lo que la gente quiere ver o lo que quiero que vean. Más sin embargo yo sé que muy escondida ahí estoy. Sola, acurrucada, llorando; sin fe en el presente, sin sueños para el futuro. Con un pasado que no me deja volar.

Me veo como una niña pequeña con miedo, llorando, triste, perdida, con las alas rotas. Con sus ilusiones vacías, con sus sueños en la basura.

Estoy sufriendo.

Quiero hacer algo al respecto, quiero ser feliz. Quiero ver a esa niña sonreír. Quiero verla ser feliz. Quiero verme feliz.

Quiero estar en unos 20 años mirando atrás y verme aquí acostada en mi cuarto, escribiendo todo lo que no me atrevo a decir. Quiero poderme ver a la cara y decirme que todo estará bien.

Que todo está bien, que logré sobrevivir, que soy feliz. Realmente FELIZ. Feliz, feliz, feliz, feliz, feliz. Es un modo de vida y no un destino. Quiero poder vivir así.

Qué envidia los que ya lo son. No saben lo que se siente despertarme y no saber si soy capaz de terminar el día. Levantarse con todos los problemas del mundo en tu espalda. Sentir que ríes, sonríes… por reflejo solamente. Hacer las cosas por rutina, costumbre. Nunca sintiendo en tu interior las cosas que refleja tu rostro. Impotencia, frustrante.

Que nadie se dé cuenta de tu dolor. Que vivas AÑOS ocultando eso y que NADIE pueda darse cuenta. Eso es lo que yo llamo ser buena actriz. Vivir en tu papel 24/7. Pero sobre todo cuando se tiene más de un personaje en la obra de tu vida.

Tanto que decir, tanto que contar, tantas lágrimas más que derramar. Tanta sangre que desea correr. 20 años de archivos como éste.

GOOD LUCK.

Capítulo 3

02:35 am, 3 junio, 2010

Mi depresión sigue ahí, no ha ido a ningún lado. Duerme, despierta, va, viene. Parece un cuento sin fin.

Fui con un psiquiatra, 1 cita. 1. Me dijo que soy dependiente del qué dirán los demás. Que me importa más la imagen y el concepto que tengan de mí los demás que el yo interior.

Y tiene razón.

No quiero estar así. Quiero sentirme bien pero de tanto que lo digo empieza a perder el valor. Siento como si fuesen palabras vacías, sin sentido alguno ya. Me es imposible creer que me he resignado a esta vida, pero al parecer ya lo he hecho desde hace tiempo.

Cada día me vuelvo más ausente en ciertas cosas y más atraída a otras. Todo cayó de nuevo a la escala de grises., algo que pensé había dejado atrás.

No soy feliz.

No soy feliz con mis amigos, con mi familia. Incluso con las personas que se supone debo de estar feliz y contenta de pasar tiempo con ellas.

Me vale… es como si me desconectaran del poder o deseo de socializar. Quiero quedarme encerrada, sin hacer nada. Solo dormir, leer, estar en mi mundo de fantasía. Hablando de eso… últimamente he pensado más en todo eso que en el mundo de verdad. Sueño con despertar y estar en un mundo paralelo y ser alguien más.

No ser yo.

No quiero ser yo.

Empecé a usar Herbalife. Todo bien la primera semana, ahora ya no. Me siento un fracaso. Mi vida es un fracaso. Estoy harta de siempre fracasar en todo.

Estoy tan deprimida.

Me siento una escoria. Ya no quiero seguir más aquí. Ya no quiero vivir más. Quiero pensar que despertaré de esta pesadilla y me levantaré en un mundo donde todo es mucho mejor, donde todos me aman y me quieren.

Donde no estoy sola, tan vacía, tan a la deriva., tan sin propósito.

Quiero ser alguien con sentido, alguien que tenga 1 razón por la cual despertarse al día siguiente. Una razón que la mantenga viva.

Soy un caparazón. Sólo eso. Sin sentido. Nada tiene sentido.

Sigo pensando en morirme a diario. No hay un solo día que no piense en cómo sería todo si ya no estuviese.

Mis papás tendrían menos problemas $, serían más felices. Todo sería mejor.

Quiero de verdad morir. Pero tengo miedo. Miedo de la nada. Miedo de morir y que ya no exista nada mejor.

Mi paranoia sigue igual. Siento que todos me miran, que todos esperan a que cometa un error, un solo error para poder reírse de mí.

Ya no quiero.

Quiero sentirme querida, siento que no les caigo bien a las personas. Me esfuerzo por agradarle, pero siento que me odian, que me ignora. Es lo peor que me pueden hacer. IGNORARME. Últimamente todos hacen esto. ¿Por qué a mí? Soy buena persona. Trato a los demás siempre como quiero que me traten. Soy justa. De buen corazón… entonces, ¿por qué?

Me siento sola, sin amigos verdaderos. Sólo conocidos.

Antes si me decían: dime tus verdaderos amigos, podía decir al menos 2 o 3. Ahora sólo puedo decir que yo soy mi mejor amiga.

Soy lo único bueno que tengo. No existe nada mejor para mí. Friedrich.

Quiero algo bueno en mi vida. Algo real, algo que sienta que de verdad es para mí y que me ama y así. Pero no. Solita llegó, solita Fernanda se irá.

Siempre hablo de dolor, pero es que es lo único que mi mente recuerda. Sí hay momentos felices, pero el día siempre está gobernado por los momentos tristes. Es como un 70-30 o más porcentaje para lo triste.

La felicidad llega con cosas de la nada. Como por ejemplo: "Hey Fernanda, se estrena en 2 semanas equis película" o "Hey Fer ya abrieron el parque de Harry Potter en Florida". Cosas que sé que son demasiado no importantes, pero que son las que evitan que mi día sea negro-negro.

Veo aviones y quiero que se caigan, veo camiones o carros y que me atropellen. Ando en carro y quiero chocar. Veo un cuchillo y quisiera deslizarlo por mi cuello.

Nada me hace sentir mejor. Cada día caigo en un nivel más profundo. A lo mejor no se nota a simple vista, pero sí se nota en el tamaño y profundidad de las raíces echadas por mí para mantenerme anclada a este estadio.

Maldita sea, se supone que era solo por la adolescencia. ¡JA! Tengo 20 años y sigo igual y empeorando día a día.

¿Qué se sentirá estar en un hospital psiquiátrico? Esta idea me ha alborotado la mente con anterioridad. Llegó a mí de nueva cuenta. Sé que soy muy lúcida para que me internen. Se esconden muy bien muchas cosas así que tendrá que ser voluntario el asunto. Pero… si lo hago sería quitar todas las raíces echadas, salir de mi zona de confort. No sé.

Quiero. A lo mejor sería lo adecuado de una buena y maldita vez. Auf Wiedersehen.

Me voy. Mi mamá me ha descubierto y me regañó.

Capítulo 4

02:25 am, 4 julio, 2010

Día monótono. Todo igual. Mismos sentimientos de desprecio, soledad, depresión. No quise asistir al cumpleaños de una compañera. Vi planes de una salida ayer (antier, no recuerdo) y me puse celosa ya que no me invitaron. ¡Qué nuevas! :) En fin, luego me invitaron. Pero algo en mí no quiso ir.

Era en una alberca… otro punto negativo. Además no siento lo mismo al convivir con la gente.

Antes me emocionaba ese hecho, ahora ya no. Me he vuelto algo más alejada. Fui al gimnasio. Comí al regresar. Rompí lo del líquido. Me irá mal en un par de horas con Eva.

No es por mí la decepción, es lo que dirán los demás lo que me puede. PD: no puedo soportar la paranoia de estar sola, sigo escuchando ruidos raros. Me encierro lo más que puedo… quiero que esa sensación de vaya.

Capítulo 5

01:39 am, 11 Julio, 2010

Todo igual.

Depresiva.

Incompetente.

Odiosa.

Dolor y más dolor.

Agonía incluso.

Discusiones.

Frustración.

Solo rachas de bienestar que vienen y van sin si quiera dar cabida a disfrutarlo incluso. Dime porqué sigo permitiendo que crezca. Porque me he conformado. ¿Acaso lo disfruto? Disfruto viéndome caer, morir.

Ya es algo cómico.

Cada día que pasa mi humanidad va desapareciendo. ¿Drama queen? Maybe, pero esto se me ha salido de control. ¿Cuándo será el día que todo esto acabe?

Piedad, alguien que lo haga por mí. Es lo que he estado haciendo últimamente. Perderme en mi mundo de fantasía donde soy mejor, donde quisiera irme, donde sería feliz.

Quisiera poder inventar algo que me lleve a esos lugares tan maravillosos que imagino y nunca más regresar a este mundo que tanto me ha hecho. Quisiera perderme en mi mente, mi imaginación y nunca más volver. Vivir en el más allá. Ser feliz, ser lo que quiera, como quisiera VIVIR.

Lo único que me consuela es el saber que en algún lugar del tiempo y espacio todo lo que sueño e imagino es más que la pura realidad y que yo soy para ellos una mera fantasía.

Qué diera por ser esa fantasía la cual con tan solo abrir los ojos pudiera desaparecer, perderse y nunca más volver.

Capítulo 6

02:25 am, 12 Julio, 2010

Un deseo. ¿Qué si relaciono esto con lo que es mi vida ahora? Si tuviera un deseo sería volver a nacer. O morir. Cualquiera de las 2 aplica.

Salir de esta realidad. De esta pesadilla que llamo vida. No es que la odie al 100%, aunque fácil en estos momentos más de un 98% es detestable. No puedo evitarlo. Y aparte de detestar, maldecir, implorar por una vida diferente. NADA. Mi tiempo consiste básicamente o consistía en:

1) involucrarme en mi mundo de fantasía, para cada vez ser más miserable en el mío.

2) ver lo felices que son los demás con sus vidas, envidiarlos hasta más no poder. Incluso hasta pensar en cómo la vida ha sido más favorecedora a personas que no lo merecen y odiarlos por eso.

3) ver el mundial, ilusionarme con él.

Pero ya se acabó el 3er punto, así que los primeros 2 serán lo que haré en estos días futuros: ¡Qué emoción!

Algo que no he compartido aquí son estas ideas y pensamientos que me perturban. Y para que algo me perturbe de mi misma tiene que ser algo fuerte. Y lo es esto.

A veces un lado oscuro de mí sale a la luz. Es como si todo el odio, la maldad, todo lo negativo e inhumano que pudiese llevar conmigo se manifestara en esta serie de ideologías y sentimientos. En contraste con mi otro lado sensible, humano, que llora y sufre por todas las desgracias humanas.

Siento como si en mí fuera o existiese un gran Yin yang, que gobernara todo mi ser. Es lo más representativa que puedo ser.

El lado oscuro se alimenta de todos los miedos, tristeza, dolor de los demás. Incluso me atrevo a decir que es un alma aparte coexistiendo conmigo. Como una vida pasada, llena de odio, maldad, dolor. Tiene estas ideas que no me agradan. Bueno que a la parte blanca de ying yang no le agrada y que me da miedo.

Siempre ando diciendo que lo que soy ahora es una mezcla de vidas pasadas, ya que no me identifico con nada, con el contexto en el que vivo. Pero otras culturas es como si vinieran ya en mi genética.

He pensado que viví en la época feudal japonesa, fui inglesa, rusa, etc. Pero lo que más pienso es alemán. Siento la convicción de los odios pasados. La fortaleza de sus ideas, lo verdadero y crudo de esa maldad.

Es como si se apoderase de mí y me hiciera sentir todo eso. No puedo dejar de sentir su influencia. Trata de influenciarme. Hay ocasiones en las que me doy cuenta de que quiere apoderarse, ahí reacciono y veo aterrada lo que pasa. He llorado pensando en cómo puede gustarme. Pero siempre está ahí.

Tanto odio. Sé que es real. Esa satisfacción, esa esencia, ese sentido de pertenencia. Esa llama, ese odio que se genera, ese odio 100% real que termina convenciéndome. Pero de la nada desaparece y queda sólo la culpa. La cual no dura mucho.

Hay lágrimas, ha habido varias debo admitirlo, más sin embargo ese sentimiento, ese poderío no se va.

Que si estoy loca.

No lo creo. Él fue real, es real ahora en mí.

No sé cuánto control tenga.

No quisiera saberlo.

¿Que si quiero llamar la atención? Tal vez, digan unos. Pero si estuviera llamando la atención no escribiría esto en un cuaderno. Lo dijera. ¿Pero si lo escribo es porque quiero enseñarlo a alguien? La respuesta es tal vez. Una de las razones es para liberar mi mente un poco. Se sobresatura con tanto pensamiento, tanto dolor, odio, confusión, llanto.

Es insoportable tanto.

He aquí una razón para tanta depresión. El no decir nunca o casi nunca nada. Y si escribo tal vez es para un día mostrarlo a alguien.

Quisiera tanto poder pasar mis ideas a los demás con solo tocarlas. Que sepan de una maldita vez que todo es una farsa. Que yo soy una farsa. Que mi única razón de estudiar medicina, psiquiatría es porque en el fondo mi inconsciente quiere curarse. ¡Soy yo la que necesito atención! Soy yo la enferma.

Capítulo 7

11:54 pm, 14 julio, 2010

Esta vez evitaré hablar de lo monótona de mi existencia y cosas similares. Hoy ando pensando el porqué del alejar a las personas que se supone deberían de ser importantes para mí. ¿Por qué siempre espanto a los que me rodean? ¿Cuál es ese empeño por estar siempre sola? ¿Cuál es la verdadera razón por la cual busco ser la ermitaña de la sociedad? ¿Es simplemente por el hecho de no querer salir lastimada? ¿Siempre que confío en alguien termina dándome una puñalada en la espalda? Sentirme traicionada, no querida, despreciada, sentirme una burla, un juguete, un algo que entretenga. ¿Es acaso eso?

Quizá es paranoia.

Fácil más del 50% de las cosas si sea eso. Pero lo hace ver todo tan real.

Quiero largarme. Quiero romper los lazos para ya no sufrir más.

Sufro por todo lo que me hacen y cada vez duele más. Mucho más. No puede soportarse.

Capítulo 8

01:42 am, 16 julio, 2010

Un gran vacío.

Un gran hueco. Eso es lo que hay en mí.

No puedo realmente expresar en palabras lo que siento. Es algo profundo. Nunca había estado tan arraigado a mí esta oscuridad, esta nada que va carcomiendo mi ser desde adentro hacia fuera.

Es increíble que físicamente no pueda reflejarse todo este tormento. No, tormento era lo que vivía antes.

Esto es algo que dudo haberlo experimentado.

Este hoyo negro en mi interior crece inconmensurablemente. Se alimenta de lo que pudo haber sido Fernanda, pero que nunca lo será. ¿Será acaso que estoy llegando a un nuevo nivel? ¿Que ya me he superado? Caer aún más debajo de lo que estaba.

Celos, es lo único que puedo diferenciar. No siento nada. Apatía. Ni leer siquiera me satisface ya. Pudo que acabe tanta crueldad.

Capítulo 9

01:46 am, 30 julio, 2010

¿Drogas? ¿Ella metida en ese retorcido mundo? ¿Cómo pasó? ¿Por qué todo termina así? Sí, no lo niego, muchas veces he imaginado lo que se sentiría, probarla… más nunca lo he hecho y en estos momentos nunca quisiera hacerlo (de verdad NO quiero).

Me duele mucho el saber que ella juega esta ruleta rusa de la perdición. Hecha a perder su vida. Me da pena. No quiero que se meta a ese mundo que lo único que busca es el interés propio, el dinero. ¿Qué pedo? Dice que es la "intermediaria", que solo tiene un poco ella. BULLSHIT. Sé que es mucho más que eso.

La gente que frecuenta, sus "amigos" que menciona, es como si la valiera el hecho de ser amiga de narcos.

Ahora entiendo por qué los americanos están tan enojados con los mexicanos. ¡Dios! Hasta yo a veces quisiera poder matar y desaparecer a todas esas escorias que se creen la gran divinidad y que para colmo se burlan de símbolos religiosos. ¿Qué acaso creen que los santos en el cielo y la virgen ven buenos ojos lo que hacen? NOT, nunca lo harán. Deberían matarse a sí mismos y evitarse la pena de ser rechazados por el mismísimo Dios. Me da coraje. Que manchen el nombre de los mexicanos. Que por ellos la tomen contra México y que hagan que generalicen. Los ODIO. Y ahora ella entró al círculo de la maldad. Dios hazla ver la luz. No quiero que termine mal toda esta historia.

Me siento humillada, con mala imagen por la culpa de unos cuantos (aunque en este caso es mucha la gente). Me da vergüenza decir que soy mexicana. Qué pena siento por lo que está pasando. No hay moral, no hay ética, no hay valores, no hay compañerismo, amor. Ya no existe el término familia.

Me da pena eso también. Una semana en Estados Unidos y terminé de darme cuenta que todo ha sido una farsa. Cuando era niña pensé que todo era vid ay felicidad. Que todos me amaban por igual y que todo era color de rosa. NOT. Ni siquiera a rojo llega. Todo es horrible. ¿Por qué dejamos pasar esto? ¿Por qué nos permitimos llegar a esta posición la cual va en picada cada vez más rápido? Me duele en verdad todo esto. Hasta me invita a alejarme aún más, aislarme. Mis tíos, las relaciones, todo es una máscara. Lo que se habla por detrás. Es incluso cómico, irreal quizá.

Me duele demasiado, más de lo que pienso y muchísimo más de lo que quisiera (es inimaginable el grado y la profundidad que alcanza este dolor).

¿Por qué no se pueden llevar bien? ¿Por qué no puede ser todo como se supone que debería ser?

Esto me ayudó a confirmar el asunto este, cada vez será menor TODA interacción familiar de mi parte. Seguiré con la escuela y Dios decidirá el resto. Pero en verdad personalmente he llegado a un límite.

Ya no puedo dejar que me siga lastimando como lo ha estado haciendo este asunto familiar desde que dejé de ser niña.

Si mi nana pudiera ver a lo que hemos llegado. Pobre, le partiríamos su corazón. Hermanos peleados por la influencia de terceros, distanciamientos por la misma culpa de terceros.

Nietos que se desaparecen y que no dan señales de vida desde varios años (por cierto, ¿qué pasa contigo? Dios iluminará tu salida), desempleo, odio, mal entendidos.

Una nieta que trató de matarse por una depresión, la cual sigue con ella.

Sigo insistiendo, de estar casi en el tope de la cima de mi lista de las mejores personas en mi vida, debo decir que un descenso nadie lo había tenido tan largo y tan rápido.

Capítulo 10

06:10 pm, 5 agosto, 2010

Lo sé, demás de temprano. Más me siento fatal. Maldita depresión. Es una montaña rusa, altos-bajos. No se lo deseo a nadie jamás.

Tengo como 1 semana deprimida, pero estos últimos días… han sido <u>tan</u> difíciles. No puedo soportar toda esta sombra. No he cargado mi celular como por 5 días. ¿Sabes por qué? Porque nadie me habla. Me siento sola. Abandonada por los que conozco, la gente que suelo llamar amigos. Quién sabe si lo sean realmente, pero pues a alguien tienes que adjudicarle esa palabra.

Quiero hablar con alguien, desahogarme. Pero nadie parece ser apropiado para esto. Tengo envidia de los demás, verlos felices unos con otros y yo marginada en mi cuarto leyendo y volviéndome más miserable.

Estos 2 días he pensado en cómo sería si tuviese cáncer, cómo reaccionarían los demás. Me agradó ver que no era ya tan invisible para ellos. Deseando que fuese real su atención.

Capítulo 11

02:15 am, 12 agosto, 2010

¿Paranoia? ¿Conspiraciones en tu contra? Conspiraciones por parte de tu propia familia. Ideas, desconfianza. Todo esto por un simple favor que te pide una prima. Es un cuento de nunca acabar. Es agotador, que tu mente siempre piense lo peor de todos y cada situación que enfrentas. Tu mente comienza a crear historias y desenlaces los cuales siempre terminan contigo o alguien más muerto. Siempre es la misma historia, tu mente parece disfrutar el que sufras viendo una y otra y otra vez estas historias alternas. Pides que paren, que tu mente deje de imaginar. Nunca escucha. Puedo presumir que tengo la mejor mente imaginativa y creativa que conozco sin duda. Mi mente nunca para de imaginar escenarios.

Los paranoicos son los no deseados, los que prefiero no tener. Los otros son hermosos, me llevan a conocer nuevos lugares, ser diferentes personas, alejarme de esta triste realidad. Me permiten ser libres, ser quien yo quiero ser. Quisiera verdaderamente poder quedarme en mi mente y vivir ahí eternamente.

Sueño el poder dormir y nunca regresar en este plano. Esfumarme y explorar lo inexplorado, vivir lo impensable, ser lo imposible.

Todos los sueños rotos y metas no cumplidas, cada aspecto que quisiera poder lograr, ser. Todo eso en mi mente. Estas ataduras a este mundo son las que no me permiten continuar mi viaje. Soy una pasajera varada. Estoy a medio camino, deseo continuar este viaje. El viaje que me conducirá a mi verdadera felicidad, dicha, alegría, a vivir plenamente: a ser la verdadera yo. Todo el potencial encerrado comienza a apagarse, comienza a extinguirse, todo lo que puedo llegar a ser comienza a esfumarse. ¡Necesito la salida ya!

Capítulo 12

1 septiembre, 2010

13 agosto, 2010. A sus casi 21 años de vida murió. Murió en un accidente en carretera. Era buena persona, buen amigo.

La vida nos pone siempre a personas muy distintas en nuestro camino. Dichas personas vienen y van. Muchas las conocemos y están con nosotros por mucho tiempo, otras son como estrellas fugaces, las cuales pasa y nunca más regresan.

Para bien o para mal, no podemos saber cuál será la duración en nuestra vida de los que nos rodean. Solemos pensar que todo es eterno, que las cosas y las personas siempre estarán ahí. Solemos pensar ingenuamente que nada cambia.

Despertamos diariamente con una idea de que todo será igual, que las constantes que integran nuestra vida nunca cambiarán. Tratamos e interaccionamos con los demás sin saber en realidad si esa será nuestra última charla.

Creemos que todo es eterno. Que los que mueren son seres lejanos que no nos afectan en lo más mínimo. Solemos dar el pésame sin realmente sentirlo. Es hasta que nos enfrentamos a una pérdida cuando realmente sopesamos todo lo que normalmente decidimos ignorar. La muerte es sólo un estadio más, un ciclo final. Pero para los más infortunados, no es un final programado; es uno tajante, que no da tiempo siquiera de nada.

Él murió hace ya más de dos semanas, tenía una vida por delante, mucha gente conocer, hijos por tener. Todo acabó antes de siquiera comenzar del todo.

Lo extraño.

No fui la persona más allegada, aun así me duele muchísimo. Pensar que no volveré a verlo, a escuchar su voz, a verle su cara, a saludarlo…Es el peor sentimiento existente. Una gran tristeza, un dolor en el pecho. Un abismo en el alma.

Tantas cosas que decir, ya no son válidas. Quisiera poder quitarme este dolor. A veces pienso que sería mejor no sentir, para evitarme este grado de depresión (no es comparable con todo lo anterior).

Pienso en que pude hacer sido mejor amiga con él, acercarme más, brindarle mi compañía. Tengo miedo de olvidar su voz. De no recordar que amaba Avenged Sevenfold y que tenía una camiseta de Miami Ink. Mucho tras su nombre.

Uno no puede evitar las preguntas ¿Por qué él? ¡Si no había vivido lo suficiente! Claro que las siento, más sin embargo no las repetiré.

Te extraño. Mucho. Quiero que sepas que fuiste un gran compañero y amigo. Me enseñaste a que pese a todo problema que pudiese tener enfrente debo relajarme, evitar el estrés. Eres bien amado por tus seres más cercanos y los no tan cercanos.

Fue un enorme placer el poderte conocer, aunque fue muchísimo menos el tiempo que hubiese querido. Deseo que te encuentres de maravilla donde quiera que estés (obvio con un XBOX en tus manos). Prometo no olvidar tu voz. Y cuando nos volvamos a ver espero mi mega bienvenida organizada por ti. Te veré pronto.

Muchísimas felicidades por tu casi cumple 2 de septiembre.

Saludos a mi nanita. Dile que mi corazón lo siente mucho y que espero su perdón. La amo y no la merecí. Y a ella, que aunque no fui su mejor amiga, ella siegue presente en mí. Los amo.

Capítulo 13

11:20 pm, 3 septiembre, 2010

En memoria al mejor gato que cualquier humano pudiese tener como mascota.

Hoy falleció el mejor amigo felino que esta familia ha tenido.

Llegaste un día todo enfermo, con hambre, miedo. Nos escogiste de entre todas las casas. Confiaste en nosotros. Nos adoptaste. Llegaste junto con la Mati. Era el destino. 1 año te tuvimos querido amiguito. Te convertiste de un escuálido moribundo gatito miedoso al más bello gato del mundo.

Te amaré siempre. Eres el mejor. Siempre te voy a querer. Gato (así se llamaba). Ojalá nos volvamos a ver. Te amo y lloro por ti en estos momentos. Lo mejor. Cuídate y nos vemos al rato…

Capítulo 14

02:45 am, 26 septiembre, 2010

Amanece (cerca de la 1 pm tal vez) y lo que veo en mis piernas es un gato pequeño. Casi idéntico al gato. Una prima lo trajo para que lo cuidáramos.

Me sentí algo cerca de lo que alguien puede llamar feliz. No quiero pensar lo que sentiré cuando se vaya. Es como si hubieran resanado una grieta en mí. Pero que tarde o temprano volverá a abrirse.

Me siento triste ahora, me siento como un fracaso. ¿Por qué no puedo concentrarme? ¿Por qué me cuesta tanto trabajo realizar mis deberes? Existe algo en mí que no funciona del todo bien. Ser tan balín y tanta indiferencia ante cosas que no deberían ser indiferentes debe ser algo considerado como alarma. Tengo sentimientos depresivos recurrentes, no quieren dejarme en paz. Siento como si fuera una broma o un juego perverso.

Me deprime mi aspecto. Podría decirse, no, más bien odio cómo soy. Como me veo, como ven los demás. Diario pienso en querer renacer y cambiar todo. Ojalá dejara de ser un sueño y se volviera mi realidad.

Respecto a mis amigos… ¿cuáles? Me sigo sintiendo sola. Peor aún, amigos que eran algo cercanos se alejan corriendo de mí. Me duele y mucho.

Siento que me están dejando sola. Me siento cada vez más miserable, cada vez menos importante. Más basura que otra cosa.

¿Es tan malo pedir y pensar siempre en querer morir? ¿Qué tal si este es un sueño y mi verdadera vida me espera al despertar? ¿Por qué Dios ve como pecado el no querer continuar? ¿Acaso no ve que muchas personas no estamos hechas para vivir con este mundo encima del pecho? Es como si fuera un imán para lo negativo, siento el peso de la soledad, del odio, de la tristeza. ¿Dios de verdad no me perdonará? Si él es misericordia, ¿no puede ver lo que mi alma sufre?

Mi alma está desgastada por tanta tristeza. No sana y no sanará para como veo la situación.

Dios ten misericordia y guía todo mi camino. Que ando en penumbras y seguiré estándolo. El camino se ha iluminado, más yo soy la ciega. Dios, me quedo sin fuerzas, mi esperanza casi termina.

Capítulo 15

05:58 pm, 26 septiembre, 2010

Cuando la vida esté riéndose de tus fracasos, cuando sientas que los últimos ratos de luz están por desaparecer, cuando tu fe se encuentre a punto de extinguirse y tu alma pida a gritos ser salvada.

Cuando ya no sabes distinguir la luz de la oscuridad, el bien del mal.

Cuando sientes que todos conspiran en tu contra. Cuando eres tú contra el mundo.

Cuando te sientes tan sola que lo ves como algo normal.

Cuando tus sueños son el único escape de este mundo sin piedad.

Cuando tu mente se convierte en tu salvación.

Cuando por más que intentas volver al buen camino, sólo no puedes encontrarlo. Te has perdido y no sabes cómo volver. Sin brújula, sin mapa. Caminando sin rumbo fijo, dejando

que los pies te lleven a un destino. Sin motivos,
sin una fuente que te lleve a lo que quieres.

Sin escape, sin salida… atrapado.

Capítulo 16

10:31 pm, 10 octubre, 2010

Freedom from fear.

Why am I like this? How do I recover? How do I stay recovered so that I never go back into that state again?

FUCK OFF!!!!

Dicen las cosas sin empatía. No pueden saber 100% lo que se siente. No están en tus zapatos. No saben lo que acarrean sus palabras. No conocen a ciencia cierta lo que dicen. Nunca lo harán.

Sólo catalogan y no se ponen a pensar que tu cerebro chance y sí genere sus propios laberintos y no se permita salir. Pero ellos solo saben y creen saber por segundas y terceras fuentes. Ellos no conocen el verdadero dolor.

No. NUNCA.

Sólo alguien que haya experimentado algo similar puede entender. Y no ser llamado o llamar bluff a lo que te acontece. BLUFF YOU!!

Un manual que dijera: Fernanda's feelings and thoughts part 1.

Capítulo 17

10:21pm, 21 de octubre, 2010

Al abismo de nuevo.

Soledad.

¿Por qué eres tan celosa? Que cuando me ves disfrutando de mi incorporación te apresuras a retomar el control.

Aprende a compartir… eso sería y haría nuestra relación un tanto más llevadera. Volviste a mí cuando menos te lo pedía; ahora lo interesante ver es cuándo me dejarás en paz.

Eres demasiado absorbente, ¿lo sabes? Consumes todo lo que soy, mi mente, todos y cada uno de mis pensamientos, mi sentir, mi vivir, mi alma; todo lo que soy. Lo quieres todo.

¿Qué acaso no te conformas con dejar tu huella cada vez que vienes?

Creo que lo entendí ahora.

Mas sin embargo, tanto tu y yo sabemos que no puedes estar permanente en mí. Eso significaría que desde hace mucho ya no estaría aquí, ni allá, ni en ningún lugar. Quizá sea lo más sensato… ¡NO! ¡Eso es lo que quieres que crea! ¡No lo lograrás!

Capítulo 18

10:25 pm, 24 de Octubre, 2010

I HATE MYSELF.

Y como puede apreciarse, la vieja Fernanda llegó. La triste, deprimida, sin motivación, sola, suicida Fernanda.

La melancolía vuelve.

No sé cuánto se quedará, sólo sé que llegó.

El estrés, el miedo al fracaso, la escuela la trae y regresa a su antojo.

Quiero librarme de ella.

Siempre que todo se vuelve más pesado aparece, complicando todo aún más, llevándome al límite de lo tolerable. Tantos malos pensamientos, tanta oscuridad.

¿Si de verdad me voy podrán perdonarme? ¿Podrán perdonarse mis papás? ¿Podrán continuar con sus vidas?

¿Los demás se olvidarán de mí a la larga? ¿Seré solo recordada por mis padres y hermanos? No quiero ser olvidada…

A lo mejor no deseo continuar más sin embargo no quiero que me olviden. Si muero y no hay nada después o hay algo. No quiero volverme NADA en sus memorias. No quiero un DELETE. Soy egoísta, quiero irme pero quiero después de irme seguir siendo querida.

Capítulo 19

8:37 pm, 18 de Noviembre, 2010

Pese que ayer fue la noche perfecta, ya que vi Harry Potter 7 parte 1 estreno en el cine con amigos de la escuela. Pese a que disfrute cada momento de la película, pese a todo lo bueno que puedo haber sido todo… No fue así.

Hoy volví a sentirme una basura. Volví a dudar de la decisión de seguir en medicina… y todavía sigo dudando. Hoy volví a sentir que no sé nada, que soy una perdedora. Que no vale la pena seguir atormentándome. Que no puedo, que por más que quiera ¡NO PUEDO!

No quiero saber nada más, solo quiero cerrar los ojos, abrirlos y ver mi vida convertirse en algo mejor. Cada recaída me hace ver que en realidad NO SOY FELIZ.

Por más que quiera cubrirlo NO SOY FELIZ. NO ESTOY SEGURA DE LO QUE QUIERO QUE SEA MI VIDA. ¿Por qué Psiquiatra? Porque quiero ayudar a gente con problemas mentales. Es una forma de compensar la falta de ayuda que he tenido.

Quiero compensar la mierda que soy. ¿No será que hay algo más para mí? ¿No habrá algo que sea realmente para mí? Es cobardía de mi parte. Pero como siempre… el miedo es y puede ser tu mejor amigo o tu verdugo.

Quiero sentirme bien. Cada vez caigo más en cuenta que lo espiritual es lo que falta en mi ecuación. Eso y el aspecto psicológico que es una mierda. No formo ni un 60% de lo que puedo ser. No es por subirme en un "pedestal" sino que sé de lo que soy capaz.

Sé que si no fuese por este desbalance químico y espiritual fuera una mente incomparable. ¿Cómo lo sé? Lo vuelvo a repetir. Una persona tan perturbada en tantos diferentes niveles, que haya durado casi 5 semestres en un ambiente tan hostil, duro, que espera cualquier excusa y fallo. Sin reprobar. Pese a eso me siento el fraude más grande de todos.

No quiero ser un fraude. Fui moldeada con la idea de ser especial. Muy adentro de mí, yo sé que lo soy. Pero no puedo demostrarlo. Quiero demostrar mi 100%. Quiero salir, es crónico; mecanismos a la baja, asintomático (ocasional). ¡Quiero ser yo!

PARTE II

2011

Capítulo. 20

2:15 am, 9 enero 2011

¿2011? Increíble el simple hecho de estar escribiendo esta fecha.

¿Qué especial tiene? La respuesta es ninguna. El solo hecho de seguir como hasta este momento es lo increíble. Cómico incluso.

Casi 21 años ya. 21 vueltas alrededor del sol. 21 primaveras, 21 veranos, 21. Tanto tiempo, sin embargo siento como si fuese nada en realidad.

¿Qué hace que todos los años, meses, semanas, días, horas, minutos, segundos hayan valido realmente la pena? Sinceramente no tengo respuesta alguna. No siento que pueda responderla es el hecho que no puedo decir algo que me convenza. Nada. Que tristeza.

Tan vacía, tan… ¿Victima? ¿Mártir? Quizá. Sufrida, dolida… panchera, teatrera. Ya no sé ni siquiera eso. No sé si es realmente lo que siento o si es algo que me obligo a sentir.

No se distinguir lo falso de lo verdadero. Ficción y realidad se han fusionado. Nada bueno.

Capítulo 21

4:25 pm, 23 enero 2011

A casi un año de escribir y desahogar lo que mi mente guarda. ¿Y qué es lo que me ha dejado? Viendo retrospectivamente pudiese parecer que no mucho.

Mi depresión viene y va. Y parece que no cambiará dicha situación. No lo sé. Siento que he crecido y a la vez… me siento la misma niña que pide a gritos comprensión y amor.

Hice este diario con la idea de que alguien lo leyese. Alguien que proporcione ayuda. ¿Por qué me aferro a no pedirla? Estúpida víctima. ¿Es acaso lo que quiero? ¡Porqué! Porque me cuesta tanto el cambiar este capítulo de mi vida.

Me siento un desastre de persona. Me siento de lo peor y no puedo y quiero cambiar nada. Bueno si, pero me cuesta hacerlo. Quisiera más poder en mi persona. Quisiera más convicción, más compromiso. Poder terminar algo en mi vida. Me siento un fraude. No merecedora. Sola, triste, vacía. ¡Qué nuevas! Llevo 1 año escribiendo lo miso. Debe de ser tedioso leer tanta mierda.

En fin. Cada día me convenzo más que tengo algo raro y fuera de sé en mí. Tomo muy en serio ahora lo que digo. Esta atracción y fascinación por esos temas no es sano.

Pero no puedo evitarlo. Me siento como mosca hacia la miel, mosquito hacia la luz. Es algo que está dentro de mí. Una reencarnación. Eso pudiese explicar tanta adicción. ¿Pero víctima o victimario?

Victimario. Eso es 100% seguro. Desde que supe de eso no deja de llamarme. Incluso en sueños.

Victimario de algo que no debió pasar. Y sin embargo cada día me gusta más la idea de que se repitiera. De volver atrás. H.

Capítulo 22

08 feb, 2011

21 años.

Todo sigue igual. Incluso peor.

Odie el fin de semana. Lo odie en verdad. Me sentí tan sola. Entendí el grado de soledad en que me veo sumergida. Fácil unas 50 personas asistieron a mi festejo, sin embargo… Odie todo.

Lo sentí falso. Quería alejarme, dejarlos solos, irme, decirles que yo ya quería que la farsa se acabara. Ahora… sentí que a nadie le importo. Me sentí tan insignificante… Odio todo. Quiero poder ser realmente feliz.

Creo que desde hace años no he sido feliz en este día. Incluso me atrevo a decir que es de los más infelices del año. Lo odio. Veo a los demás disfrutar este día, más sin embargo yo no puedo… siento que a lo mejor nací para ser infeliz. Quizá eso es lo que me ha tocado vivir. Tal vez.

Como un sueño del cual no puedo despertar

Siempre

Siempre

Más nunca puedo volver a la realidad

Siempre es lo mismo

Genocidio, 2do sueño, 19 feb, 2011

10:21 am, 22 feb 2011

Pain, heartless, swollen.

No more pain. Just peace.

Hell and darkness.

Keine Schmerzen

Y cerró sus ojos esperando que sus últimos momentos escapar de sus manos.

Just let go… just fly away.

Como un sueño del cual no puedes despertar. Siempre, siempre.

10:21 am, 22 feb 2011

Cada persona a tu lado, cada uno de ellos. Todos te rodean, siempre a tu lado están. Mas sin embargo nunca puedes quitarte la sensación de que te encuentras más solo que si estuvieses en una isla desierta. Sientes el sufrimiento y la soledad cada vez más arraigados en ti. Se niegan a dejarte. Se vuelven tu compañía.

Estás roto. Tu mente crea estas historias, ideas, las cuales sabes que no son reales, mas sin embargo no puedes no pensar en ellas. No te libras tan fácilmente. Quieres despertar, salir corriendo… librarte de todo lo que te abruma.

Quieres brillar, ser feliz, tener un propósito… más sin embargo todo eso es demasiado lejano, demasiado perfecto. Te acostumbras a la penumbra que al verte en la posibilidad de ver la luz de nuevo no sabes cómo reaccionar, qué hacer.

Mi situación es esa. No sé cómo continuar, como seguir. He olvidado lo normal. No quiero cambiar. Pero no quiero seguir así.

Entre la espada y la pared, sin saber qué hacer. Bueno si se lo que quiero. La salida fácil. Pero tengo miedo. Tengo miedo de lo que vendrá. Miedo de no ser nada ya después. El que no pueda o sea nada. Desaparecer, pero que más me dolería y me duele es el hecho de que sé es que se olvidarán de mí.

No quiero eso.

Si supiera que siempre me recordarán… Más sin embargo no puedo contar con eso. No soy nada. No puedo irme y dejar que nadie me recuerde. Quiero poder decir que me voy y que alguien se acordará de mí. Duele el pensar lo contrario. Duele y mucho…

Capítulo 26

10:45 pm, 22 feb 2011

Paranoia.

El saber que alguien habla mal detrás de tu espalda. Es el sentir las risas cada vez que haces algo. Es vivir día a día abrumada por tener al mundo en tu contra.

Pero, ¿cómo llegué a este punto? Al punto en que ya no puedes ni siquiera fiarte de tu propia sombra… Muy fácil. Como todo. A este punto se llega un paso a la vez.

Todos te miran, todos esperan a que te equivoques, todos quieren verte fallar. Nadie es nunca sincero. Todos son hipócritas. El que te saluden y hablen no significa que al darles la espalda no hablan y se burlen de ti.

¡Estoy harta de esto! Quiero por una vez poder sentirme tranquila, no pensar en lo que los demás piensan de mí. Dejar las ideas a un lado. Dejar de especular. Establecer relaciones y compartir experiencias con gente. No recluirte por el miedo.

No dejar que todo a tu alrededor pase enfrente de ti y no involucrarte por el mismo miedo a no poder dejar de sentir que todos te critican o dicen pestes de ti. El miedo a lo que dirán.

El sentir que te observan, que dicen tu nombre. El no poder caminar o estar en un lugar por sentir que te observan. El no estar a gusto por mirar a los alrededores buscando cámaras, puesto que te estén grabando y subirán todo a internet.

El saber que estás vigilado… El que quieran algo para aferrarse y no soltarte. No puedes dejar que te vean vulnerable. ¡No puedes mostrar debilidad! Las voces que llaman tu nombre no se irán de esta manera. Tener que estar alerta. Ellos, tus amigos, tu familia. Tienes que cuidarte de todos. Nadie es de confianza. Solo tú.

Los peores escenarios solo están en tu mente. Mi mente ve todo, siempre.

Capítulo 27

01 Marzo, 2011

Cómo seguir cuando tu corazón simplemente se ha dado por vencido.

Cómo seguir cuando tu alma está más que derrotada.

Cómo seguir cuando tú sólo piensas en la salida.

La vida está llena de sorpresas, de decisiones, de caminos.

Existe gente que les toca la senda fácil, alegre, feliz. La mayoría tiene que soportar un camino menos agradable; el cual tiene muchos obstáculos. Y por último existen personas que les toca llevar un camino el cual los altibajos son a lo que más puede aspirar.

¿Cómo seguir adelante? ¿Cómo cambiar el sendero? ¿Cómo después de tanto tiempo ser finalmente feliz? Estoy descarrilada. Estoy perdida. Estoy fuera.

Quiero volver a ser lo que era, sí es que algún día lo fui. Más muy dentro de mí me dice que nunca estuve en lo que se dice normal. Es difícil aceptarlo. El no ser normal. El no poder encajar en el molde. El ser diferente. Quiero ser normal.

No más. No más dolor. No más sufrimiento. Solo paz. Paz y serenidad.

Quiero que todo acabe. El sufrimiento es demasiado. El dolor se vuelve cada día una carga más pesada. ¡Para ya! Para de una vez por todas. Para ya por favor. Te sientes sin salida. Te sientes acorralado, para ti ya nada vale la pena. Los demás no pueden ver el dolor en el que te encuentras. Sólo ven la fachada que te has construido.

Nunca sabrán la verdad.

Las masas pasan enseguida de ti y nunca se paran a ver detrás de la máscara. Están conforme con lo que les dejas ver. Nunca quieren saber si lo que les enseñas es la verdadera Fernanda. O tal vez es lo que en verdad quieren. Quieren no involucrarse. Quieren no ser parte del asco que se ha convertido todo, de la farsa que día a día tienen que soportar.

Aquélla farsa que poco a poco te la vas creyendo tu misma. Cada vez es más difícil saber si vives en la farsa o en tu realidad. Las máscaras se sienten como propias. Y aun así los demás no se percatan. Cada vez te aíslas más, te retiras de los demás, evitas contacto, evitas y te distancias.

Es difícil saber existir. Sientes una gran tristeza que te llena cada célula del cuerpo. Unas ganas de llorar inimaginables. Una culpabilidad, una agonía. Cada vez es más difícil pretender que todo se encuentra bien. Duele respirar, duele pensar, duele existir.

Poder quitarme las máscaras y vivir sin ataduras. Es un sueño del cual aún no sé cuándo podré alcanzar. No me siento capaz de alcanzarlo. Estoy demasiado lejos, pero al estar tanto tiempo así ya no sé si quiero realmente ser feliz. Tanto tiempo acostumbrada a las sombras que no sé si la luz será de nuevo la misma. No quisiera y a la vez sí.

Capítulo 28

01 marzo, 2011

Te sientes sin salida, te sientes acorralado, para ti ya nada vale la pena. Los demás no pueden ver el dolor en el que te encuentras. Nunca sabrán la verdad.

Las masas pasan enseguida de ti y nunca se paran a ver detrás de la máscara. Están conformes con lo que les dejas ver. Nunca quieren saber si lo que les enseñas es la verdadera Fernanda. O tal vez es lo que en verdad quieren.

Quieren no involucrarse. Quieren no ser parte del asco que se ha convertido todo, de la farsa que día a día tienes que soportar. Aquella farsa que de a poco te vas creyendo tu misma.

Cada vez es más difícil saber si vives en la farsa o en tu realidad. O tal vez es tu realidad. Las máscaras se sienten como propias. Y aun así los demás no se percatan. Cada vez te aíslas más, te retiras de los demás, evitas contacto, evitas y te distancias.

Es difícil poder existir. Sientes una gran tristeza que te llena cada célula de tu cuerpo. Unas ganas de llorar inimaginables. Una culpabilidad, una agonía. Cada vez es más difícil pretender que todo se encuentra bien.

Duele respirar, duele pensar, duele existir.

Poder quitarme las máscaras y vivir sin ataduras. Es un sueño del cual no sé cuándo podré alcanzar. No me siento capaz de alcanzarlo. Está demasiado lejos. Pero al estar tanto tiempo así ya no sé si quiera realmente ser feliz. Tanto tiempo acostumbrada a las sombras que no sé si la luz será de nuevo la misma.

No quisiera y a la vez sí.

Capítulo 29

19 abril, 2011

CARTA AL CAMBIO

El deseo de vivir mejor, el deseo de sentirme como los demás. El deseo de salir de la enfermedad. Pero porqué acabada la fase aguda uno quiere volver sus pasos, a los ya marcados anteriormente por dolor, angustia, sufrimiento… uno quiere poder vivir su normalidad.

¿Pero qué pasa cuando la normalidad se ha convertido en un ciclo vicioso de una espesa bruma? ¿Te sigues aferrando a ella como si fuese tu vida misma la cual pierdes por cada espiración?

La mente es algo que no debe tomarse a la ligera. La mente es algo que quieras o no podrá contra todos los pronósticos. Mi mente ha convertido la oscuridad en luz y se ha acostumbrado a ella.

No quiero volver a cambiar.

Esta cronicidad ha dejado estragos permanentes que no creo capaz de vencer. Estragos tan arraigados, tan entrañados que me es inimaginable una existencia sin este vacío. ¿Cómo seguir adelante cuando gran parte de mí no quiere? ¿Cómo continuar? ¿Cómo respirar este aire tan puro? ¿Cómo poder soñar la normalidad cuando mi normalidad retorcida ya es?

Capítulo 30

FERNANDA   FERNANDA
FERNANDA   FERNANDA
FERNANDA   FERNANDA
FERNANDA

Bla bla bla bla bla bla bla bla bla bla bla bla bla bla bla bla bla bla bla bla bla bla bla bla bla bla bla bla bla bla bla bla bla bla bla bla bla bla bla bla bla bla bla bla bla

Sin luz, sin salida.

Sólo varado, sin salida.

¿Esperando   qué? ¿Esperando la hora de partir? No, sólo estás esperando que el viento te guíe, te dé el rumbo. Eso amigo, es ser un cobarde.

Me aparto de todo, me alejo de la vida misma. Espero un cambio, mas éste no llega. Ilusa yo al pensar que éste va a llegar a tocar a mi puerta.

Pero no quiero. No quiero. Algo en mi me frena. ¿Por qué no quiero mejorar? ¿Por qué? ¿Cuál es el verdadero motivo? Me siento mal, me cuesta vivir. Siento que estoy en un túnel, un hoyo sin salida del cual estoy atrapada.

He tenido la oportunidad de salir, más simplemente todo se va al coño después de un par de pasos. Las manos se están cansando y parece que van a dejar de dar apoyo. Siento que he pasado tanto tiempo en las sombras, en lo profundo que ya no quiero y puedo intentar pensarme fuera de ella.

Muy dentro de mí, la idea de ser feliz, normal se pelea día a día con el hecho de quedarme donde estoy, sentir lo que tengo años sintiendo… viviendo o mejor dicho pseudo-viviendo.

Porque lo que hago yo es una parodia de vivir.

Quiero pero no quiero. Yo sé, dentro de mí, que mi camino me lleva a un solo destino. Me he estado diciendo que no… pero mientras más tiempo pasa, me convenzo más. El acabar con todo ya no se ve tan mal. Terminar con todo, abrir la puerta de salida… ahí me dirijo… ¿Cuándo?

Capítulo 31

01:35 am, 01 Agosto 2011

No sé si sea bueno continuar este diario o como sea que se le adjudique a estos escritor. Parece a simple vista que el ciclo es una espiral autodestructiva que solo espera llegar al clímax de una caída ya por muchos (si es que leen esto) esperada.

No sé si sea bueno resignarme desde tan temprano punto en la historia.

Queridos lectores siento su frustración, créanme que hasta yo misma me desprecio al saber y pensar en toda la porquería escrita. No porque sea algo falso, esa no es la razón. Simplemente es el hecho de que pareciera disco rayado que se repite una y otra y otra y otra vez.

Estoy a punto de tirarme tomates a la cara en estos momentos. Pero que más les puedo decir. Por más cliché que sea no hay otra respuesta posible a todo esto que es mi vida Todo es tan real, cada palabra escrita parece sacada de lo más profundo de mi cabeza.

No. Aquí he cometido una exageración. No es ni el 25% de profundidad. Lo más profundo… ahí vive el monstruo. No estoy dispuesta ni quiero enfrentarlo aún. Tengo miedo de él.

Está dentro de mí. Vive día a día conmigo. A veces permanece dormido dejando que mi mente y corazón descansen, otras parece que solo piensa en cómo dejar huellas para cuando por fin vuelva a dormir parecer que sigue ahí.

Podemos llamarlo Friedrich.

<u>Tal vez quiera salir un rato.</u>

Algún día pienso fotocopiar esto y hacer que todos los que conozcan mi nombre lo lean. Después de eso partiré y comenzaré de nuevo: donde nadie pueda saber que un tal Friedrich vive dentro de mí.

Friedrich es todo lo que odiaría llegar a ser, y que muy adentro de mí soy. Es la negación de todas las pesadillas que buscaban desesperadamente volverse realidad.

Friedrich es el camino a la perdición. Friedrich es el paso a seguir para liberar el monstruo que controla cada parte de mi vida.

Pienso que ya no sé quién soy. Que la enfermedad de mi mente y alma consumen cada parte de mi ser.

Queda ya poco que consumir. Pronto todo llegara a un final… lo siento lo veo venir. Ignoro si será un final de tragedia o si la fortuna hará que todo termine como algo mejor.

Si pudiera regresar el tiempo lo haría. Borraría mi existencia. Así de simple. El corazón se vuelve más pesado cada día, las cadenas son más numerosas, la fuerza detrás que guía la resistencia cae al olvido. Todo se vuelve más gris, más sin vida. Que cliché.

Quisiera ser como Ofelia, les guste aceptarlo o no.

Cada día lo material se vuelve de menos valor, y lo no material gana peso. Es por eso que tengo esa gran necesidad por lo material. Así lo explico. La falta de lo otro hace que tenga que compensar ese hueco que cada vez se hace más grande. Al escribir esto siento que mi alma grita, llora, me ve como si ya no quisiera nada conmigo.

Discúlpame por no ser lo que esperabas. Esta soy yo. Y espero seguirlo siendo hasta el final de los días.

Las ideas brotan sin sentido alguno, disculpen si se pierden o no tiene coherencia la secuencia de las cosas. Es sólo que hay tanto que decir, tanto que contar, tanto que llorar que nunca logro poder escribir o entrelazar de manera consecutiva las cosas. Como quisiera poder tener como resultado algo hermoso, poético. Algo, mínimo algo por lo cual decir, valió la pena toda esta basura de vida. Pero ni esto. De verdad disculpen. Alguien más luego les presentará una serie de documentos, cartas, pensamientos. Alguien parecido a mí pero con mayor talento.

30 minutos han pasado desde que comencé. Siento la cabeza más ligera. El alma más tranquila.

Si pudiera lo diría todo. Creo que es más fácil si pongo palabras. Aquí va el intento. Cerraré los ojos y veré que veo.

Dolor, muerte, agonía, lágrimas, sufrimiento, maldad, inhumano, genocidio, rojo, sangre, suciedad, incomprensión, talento, autodestrucción, gritos, destino, y más lágrimas… vacío. Traición, soledad. Muero.

Soy todo lo que odio y más.

Soy todo lo que odio y más.

Soy todo lo que odio y más.

Soy todo lo que odio y más.

Soy todo lo que odio y más.

Soy todo lo que odio y más.

Soy todo lo que odio y más.

Soy todo lo que odio y más.

Soy todo lo que odio y más.

Soy todo lo que odio y más.

Soy todo lo que odio y más.

Soy todo lo que odio y mucho más.

Soy todo lo que odio y mucho más.

Soy todo lo que odio y mucho más.

Soy todo lo que odio y mucho más.

Soy todo lo que odio y mucho más.

Soy todo lo que odio y mucho más.

Soy todo lo que odio y mucho más.

Soy todo lo que odio y mucho más.

Soy todo lo que odio y mucho más.

Soy todo lo que odio y mucho más.

Soy todo lo que odio y mucho más.

Soy todo lo que odio y mucho más.

Soy todo lo que odio y mucho más.

Algún día el dolor se irá, todo acabará, podré ser feliz. Podré ser libre de todo. Ya no sufriré, ya no será gris mi mundo. Voy a querer vivir algún día. Algún día… Podré mirarme a los ojos y sonreírme y saber que lo que vivo es algo que vale la pena vivir. El dolor psicológico y mental se irá.

Ya no habrá más dudas, más inseguridad, tanto sufrimiento…Todo desaparecerá. Ojalá sea cuando más rápido mejor. El punto de vivir es… vivir.

Un cuerpo sin vida puede verse desde muchos puntos de vista. El médico y el biológico. El espiritual, y más. Mi vida está extinguiéndose. Mi alma lo sabe. Poco a poco la mecha se consume. Está llegando a un punto límite.

Quiero no querer que termine. Ya no sé cómo regresarme. Ya no sé cómo poner un freno. Ya no sé si quiero hacerlo. Si me odiaran todos sería más fácil. No tendría remordimiento alguno de matarme. Creo que eso me hace más humana aún. ¡Evitar que sufran!

Capítulo 32

12:07 am, 11 Agosto 2011

No puedo acostumbrarme a vivir en un mundo rodeado de sombras, simplemente quiero pensar que me es imposible. He llegado a la conclusión que mi alma y espíritu se han saltado un par de siglos de mi verdadero hogar.

La realidad tan cierta es que mi corazón sigue añorando lo que nunca tuvo y por lo que veo nunca tendrá. Como un extraño en su propio lugar terrenal. No puedo poner en palabras todo el sufrimiento al que es sometido mi ser cada minuto, cada segundo.

He llegado a pensar incluso que en una vida pasada fui el ser más cruel y despiadado, ya que tanto tormento en cualquier otro mortal sería inhumano. Tan inhumano incluso que casi acaba con mi misma vida y que día a día hecha semillas que se han transformado en bosques de lamentar eterno.

Quien lea esto en un futuro solo le pido que se acerque a mí y me dé el abrazo más grande que la vida puede regalarle a una persona, ya que solo dios sabe cuántos necesitaré para poder quitar y borrar parte de la oscuridad que echa raíces cada vez más profundas.

Mi vida se consume, mi aliento se escapa. Simplemente las fuerzas se despiden de mi a un paso que es difícil de seguir. Muchos dicen que nosotros somos los que forjamos nuestro propio destino, que somos los que tienen las riendas de la misma vida y que somos capaces de convertirlo en lo que queremos.

Si es así, entonces solo queda decir que la autodestrucción fue y es la guía de mi camino. Cada paso que doy está guiado por acciones de esta índole. Que puedo decir a mi favor. Olvide cómo vivir, olvide cómo sonreír. Siempre usando una máscara que engaña a las personas, que engaña a cada que me rodea, incluso algunas veces a mí misma.

Debo volver a la luz. Necesito volver a la luz. Si no mi camino está por acabarse. Es hora de actuar.

Capítulo 33

11:04 pm, 04 sept, 2011

La vida es como tú la quieras ver. Es tan magnífica o tan horrible, todo depende del punto y el momento en que la veas.

Puedes tenerlo todo en tus manos y aun así sentir que vives en la soledad. Puedes tener el mundo entero a tus pies y aun creer que vagas perdido en la oscuridad infinita. ¿Pero cómo puedes quitarte las vendas y ver si realmente te encuentras solo? O que tuviste todo y lo dejaste ir creyendo que…

Son solo palabras… como todo… solo palabras y nada más. Nunca algo más profundo que eso. Nunca.

Ya me es agotador y tedioso escribir una y otra vez esta monotonía depresiva. Necesito algo que cambie esto. Me di cuenta de que no puedo ser yo. No logro ser yo. Quiero renacer en otra persona y evitar tantos errores cometidos, tantas cosas que no hice…

Ya no quiero ser más yo. Quiero ser algo más. Mi alma sabe que está destinada a la grandeza. Pero en esta vida, en este cuerpo, simplemente nomás no es posible.

Pensar que mi alma añora sus vidas pasadas, tantos éxitos, tantos conocimientos, tanto potencial desperdiciado en estos momentos. Quiero ir a casa. ¡Quiero ir a casa ya! Me siento atrapada, sofocada, sin salida, quiero abrir mis alas y volar hasta donde pertenezco, hasta donde sé que me encontraré de nueva cuenta y en donde puedo existir sin sufrir, ni llorar, ni pensar que todo ha sido una pérdida de tiempo.

Quisiera que mi mente pudiera llevarme a todos esos hermosos lugares que a diario viaja. ¡Cómo y cuánto quisiera que mi cuerpo terrenal pudiera tener la libertad que mi mente disfruta! Alas… estoy a unas alas de distancia de ser todo lo que estoy destinada a ser.

Tan cerca, tan lejos. Sólo me queda esperar y ver mientras cómo la vida de tanto me sentaré y esperaré el momento indicado para poder partir… partir y nunca más regresar… nunca más regresar. Un sueño, un sueño, una ilusión…

La luz que me hizo ver mi verdadero destino se rehúsa a señalarme el camino a seguir. Me siento tan sola, tan desamparada. Quisiera terminar todo de una vez.

Morir… morir… morir… dejar de vivir. ¿Qué habrá después de esta tierra? ¿Acaso reencarnaré de nuevo? ¿O me iré al infierno? No creo que Dios condene a los suicidas. Son enfermos, no son dueños de sus acciones. Mas sin embargo yo he rechazado el tratamiento. Si muero Dios me recibirá con ese argumento no es buena señal. Por eso vivo a diario pensando en que tengo cáncer o que moriré de forma accidental, así Dios no tendría ese argumento en mi contra. Realmente a veces no quiero morir, sólo salir corriendo y empezar de cero, otras veces cuando eso no es suficiente, el morir si es la opción.

Quiero no sentir… quiero no sentir y sufrir o llorar o sonreír. Quiero no poder tener cosas alguna que me ate más a éste lugar. Quiero poder huir, morir. Un par de alas que espero serán la solución.

Capítulo 34

03:49 pm, 05 sept, 2011

Soy un ser muy frágil. Siempre he querido ocultar eso, nunca me sale.

Vivo solo por vivir, nada más. Nunca algo más.

Hora de escribir cosas que me hacen ver que no soy la única sufriendo como yo particularmente sufro.

"Note to self: stop expecting!" De algún lugar de internet esta frase, representa lo que soy.

Algún día podré abrir los ojos y sentir que de verdad merezco vivir, algún día podré ver a los demás a la cara y decirles que mi vida tiene un propósito, un sentido, una razón. Algún día podré desear no morir. Algún día de verdad viviré. Ese día será el primero de muchos. Ese día llegará tarde o temprano. Ese día puede no ser el último.

Capítulo 35

10:30 pm, 19 sept, 2011

Alguien me dijo una vez, si las cosas que valen la pena fueran fáciles, cualquiera las haría. Y mi respuesta es que no sé cómo responder a lo anterior. Lo más indicado es simplemente dejar en el aire la pregunta y continuar mi camino autodestructivo.

En general uno tiene la tendencia de alejarse de cuestiones e ideas que contrarrestan o antagonizan las ideas delirantes y depresivas que se tienen. Evitas un campo de batalla, una guerra entre los dos frentes y como ya vives de un lado, prefieres quedarte ahí. Es increíble lo difícil que se torna querer cambiar la forma en la que vives, piensas, sientes. Imposible dirían muchos.

Sin motivación, fuerza de voluntad y medicamentos estás destinado al fracaso y te condenas a algo peor que la muerte misma. Porque ya muerto no puedes sufrir más, ya muerto todo se acaba. En cambio… vivir con el sufrimiento. Estar muerto en vida, solo, pudriéndote lentamente.

Quiero saber cómo puedo darle un reset a mi vida. Quiero saber dónde puedo reiniciar mi camino. Empezar de cero. ¿Cómo? ¿Cuándo? ¿Dónde? Preguntas y más preguntas, pero nunca una acción inmediata. Quiero poder mirar mi reflejo en el espejo y por primera vez alegrarme, disfrutar, amar y ser feliz de lo que veo.

Quiero poder gritar a los cuatro vientos que amo la vida y que quiero vivir más. Quiero poder decir lo que pienso y no tener que escribir estas cosas en un cuaderno como éste. Quiero poder mirarme a los ojos y saber que voy por buen camino. Quiero desesperadamente poder decirme que me amo y que nunca más volveré a donde he estado.

La grandeza está esperándome a la vuelta de la esquina y se irá si no despierto y voy por ella. Sé que mi destino es enorme. Mis capacidades son infinitas. Quiero alcanzarlas. Nietzsche escribió algo que representa mi vida: *when you look long into the abyss, the abyss looks into you.*

Sólo Dios sabe lo que mi corazón le ha contado al abismo… y lo que éste le responde a diario. Sólo Dios sabe lo que mi corazón le ha contado al abismo… y lo que éste le responde día a día. Sólo Dios sabe lo que mi corazón le ha contado al abismo… y lo que éste le responde día a día. Sólo Dios sabe lo que mi corazón le ha contado al abismo… y lo que éste le responde día a día.

Capítulo 36

11:35 pm, 19 sept, 2011

Las cosas tienen un orden ya establecido, es imposible pensar que todos los sucesos que nos rodean viven en total anarquía, sin algún tipo de orden. Ese orden es el que puede significar para nosotros nuestra misma redención. Podemos pensar en todos los finales posibles para nuestra vida, más nunca debemos suponer que alguno de ellos será el nuestro.

The meaning of life is whatever meaning we give it. As simple as that. We humans, make it so complicated for ourselves. I just don't get it!

¿Por qué estamos tan necesitados de autodestruirnos? ¿Por qué esa necesidad de no ser felices?

Mi falta de felicidad es parte por mi culpa y otra por esto mismo. La sociedad misma nos convierte en esclavos y limita nuestro potencial y capacidad para ser felices.

Quiero ser feliz. Quiero gozar de lo que la vida tiene consigo. Llevo 21 años sin tener esa felicidad en mí. Quiero poder ser alguien feliz.

Sólo Dios sabe lo mucho que necesito ser feliz…
sólo él lo sabe.

Capítulo 37

Aunque tome los antidepresivos la escuela sigue deprimiéndome. Siento que aunque tenga más energía, todo es casi lo mismo. La misma frustración, la misma ansiedad, soledad, desdicha.

No me gusta.

Pensaba que estar deprimida hacía que no disfrutara de la escuela. Que el no amar lo que hago era por la depresión.

Pero a lo mejor el estar aquí es lo que realmente causa todo. No sé si quiero seguir aquí. No sé si lo que hago es realmente lo que quiero. Esto me deprime mucho. Me hace sentir un fracaso. Quiero desistir.

He pensado dejar la carrera y tomarme un año para poder tomar la mejor decisión. También he pensado cambiarme de carrera. Pero la cosa que me preocupa es saber si hago lo correcto. O si no hago nada, tener la duda de si hubiera estado mejor.

Amo los niños autistas y quisiera poder ayudarlos. Tal vez sea por ahí el asunto. No sé, estoy confundida. Deprimida.

Otra cosa es que tengo miedo del qué dirán. Más que nada la respuesta de mi familia, lo que dirán, los prejuicios. Sé que no debe de importar, que debo hacer las cosas por mí y para mí. Pero simplemente no puedo quitarme ese sentimiento de decepción.

Cada día que pasa siento que se agrava la situación. Con todo y las dudas mi confianza en mí ha decrecido. Me siento más vulnerable.

*Sigo sin las ganas de estudiar.

*Sigo sintiéndome un fracaso.

*Sigo queriendo ser feliz con lo que hago.

Quiero disfrutar mi carrera. Decir de verdad cuando me pregunten ¿Cómo estás? Que amo lo que hago, realmente. Soy muy infeliz. Quiero ser feliz ahora. Me toca ser feliz.

Capítulo 38

12:37 am, 22 sept, 2011

Frustración, ira, enojo, coraje, ganas de golpear a alguien.

Nunca había sentido tanta ira y odio conjugado hacia ciertos números de personas. Me hacen sentir como si todo fuese un juego, como si la vida misma no les importara. Juegan con mi tiempo, ¡juegan con mis capacidades!

Creen que soy un juego, algo de que burlarse. ¡No soy inferior a ellos! Eso quieren que sienta, no estoy a su merced ni disposición. No me rigen, no nada. Soy mejor que ellos, soy mejor. No quiero que me vean la cara.

Les deseo que mueran por pensar incluso eso. Ellos deberían agradecer mis cualidades de líder. Soy quien les ha organizado las cosas. Deberían agradecérmelo bola de... me siento rodeada de puros ineptos, inferiores a mí. ¿Es así como él se sentía? Tal vez sí.

Relájate nena, dicen. Maduren y tomen las cosas más enserio les digo. Me reiré de ustedes. Cuando reprueben su examen profesional. No deberían si quiera estar en la carrera. No tienen el nivel. Váyanse a comunicación. No sirven para nada. ¡Su CI ni en sueños llega a 80! Muéranse.

RELÁJATE NENA… they said. FUCK YOU ALL. Lo que deberían de hacer es morir.

PARTE III

2012

Capítulo 39

22:36 hrs, 19 febrero, 2012

¿Qué decir, qué comentar, de qué quejarme que sea algo novedoso en estas hojas? Es tedioso vivir una vida que cicla y no parece tener un fin concreto. Tratamientos, consultas, pláticas... todo se reduce al mismo círculo vicioso que ya tanto he mencionado aquí.

De verdad si alguien pudiera contestarme en estos instantes creo que me suplicaría que acabe con su agonía y que diera fin a este patético intento de bitácora, diario o como gusten llamarlo.

Sí, ni para que negárselos yo misma. La misma situación patética que desde hace muchos años. Veintidós años y fácil la mitad de ellos la he pasado con mínimo un trastorno mental. A veces siento que estaría mejor en un psiquiátrico. Que me quitaría todas las cargas y el enorme peso que vivo cargando desde tiempos que mi mente ya no los registra.

Es curioso como la mente, el alma, el espíritu humano se adapta a las peores condiciones, infrahumanas si quieren llamarlo, o te envuelve el sufrimiento, la agonía, la agonía, la tristeza, la soledad y cada uno de los distintos síntomas que puedas tener, en algo llevadero e incluso normal.

El salir de una normalidad… Esa es la tarea, la meta a cumplir. No sucumbir ante la tentación de lo conocido por miedo al porvenir (aunque éste sea maravilloso). Ese miedo de dejar tu zona, de adentrarte a ser feliz.

Quisiera en muchos años poder leer esto y reírme de mi propia enfermedad. Soltar un par de lágrimas y dar una ración a mi yo pasada (la que soy ahora) y decirle al oído que todo mejorará… it get's better.

It get's better en la cuestión de quien soy como persona… en lo que he pasado con mi distimia o sea lo que sea que tengo (que supongo que el Dx. Se queda más corto que cualquier mal Dx. Que te pueda dar Walter Mercado).

Llora Fernanda, tu corazón te lo pide.

Llora todas las frustraciones que no has llorado, llora todas las tristezas, amarguras, sueños rotos, desesperanzas, ilusiones, decepciones. Llora todo lo que te han hecho sufrir. Llora y saca ese abismo que cargas día a día. Llora ese agujero negro que crece con cada memento que regresas una lágrima. Llora Fernanda… llora y deja que tu alma vuelva a ser tuya.

Te echo de menos. Te echo de menos aunque nunca te haya conocido. Echo de menos todo lo que pudiste lograr en estos veintidós años. Echo de menos todas esas sonrisas que no mostraste por vivir encerrada dentro de mí. Echo de menos el no poder ser tú y ser simplemente yo.

En cualquier otro siglo pude hacer sido una Nietzsche, Hesse, Göethe. Todos los rasgos para ser un escritor deprimido, desadaptado y crítico de la sociedad los tengo.

Bad timing el que me ha tocado.

Pude haber sido recordada por los siglos de los siglos en la humanidad. Mi nombre perduraría, como el sueño de todo cobarde que no culmina sus intentos para quitarse la vida por miedo a que su nombre desaparecerá sin que nadie pueda recordarlo.

El narcisismo y el miedo al olvido es la mejor defensa que se tiene para hacerle frente al suicidio mismo. No comprenderían mis palabras, como un ciego no comprendería si alguien le describiese la Capilla Sixtina o un sordo el Réquiem de Mozart.

Uno no escoge cómo y dónde nace. Pero puede tener una decisión de cuándo y por qué muere. Dios apiádate de tus corderos.

¿Cristo me condenaría si decido hacer lo que desde años cruza cual impaciente idea por mi mente?

To die

To live

To laugh

To cry

To scream

To fall

To stand up

To believe

To love

To hate

To understand

To fell

To take

To kill

To be born

To keep going

Not to give up

To see what's inside your heart and to follow the light inside of it. To resist and not to give up to the darkness. To be alive and to believe in something greater and bigger than yourself.

Eres mi secreto mejor guardado. Eres la forma de liberarme. Eres la razón por la cual mi alma respira por instantes. Quiero compartirte. Quiero compartirte para poder liberarme. Más no puedo. Eres como parte de mí que me rehúso a dejar. Conoces todo o casi todo. Los demás no saben ni la décima parte de lo que se expone aquí. Eres mi voz.

Eres mi voz.

Dios me de la fuerza para dejarte ir cuando llegue el momento. Para no guardarte para siempre.

Liberarme es lo que quiero.

Es como si aprendieras a caminar.

Eres mi andadora. Pronto necesitaré dar mis pasos yo sola.

Te agradezco el haber estado aquí.

Always.

Believe in something greater than yourself.

Capítulo 41

11:07 pm, 20 feb, 2012

La vida es cruel. La vida sigue sin importarle la situación en la que te encuentres.

¿Por qué debería de hacerlo? ¿Por qué debería de detenerse para llevar tu paso? Solemos pensar sólo en nosotros. Ese egocentrismo, narcisismo es lo que nos lleva a muchas situaciones las cuales al final del día no podemos manejar. Se necesitan las agallas para poder tener el control cuando sientes que todo se derrumba ante tus pies. Es como convertirse en algo más allá de los límites de la humanidad misma.

Algún día llegará ese momento para mí. Hoy no, ni mañana… tal vez, quizá nunca llegue. La esperanza es lo que mantiene el universo andando.

La esperanza que algún día la oscuridad será un recuerdo lejano y borroso, y los días de luz y felicidad se prolongarán a la eternidad. Nunca dejes de soñar, nunca dejes de soñar, nunca dejes de vivir. Esperanza.

22 febrero, 2012

" *Vive la dolce vita Fershi*"

29 febrero, 2012

Tengo ganas de reír hasta rebosar de alegría. Tengo ganas de llorar hasta que mis lágrimas semejen ríos. Tengo ganas de gritar hasta que mi voz se mezcle en la distancia. Tengo ganas de vivir hasta las últimas consecuencias.

Tengo ganas de existir.

10:00 pm, 02 marzo, 2012

Palabras al viento, lágrimas guardadas, gritos ahogados, risas extintas, sueños perdidos, vidas sin sentido.

Cuánto daría por mirar las estrellas con la inocencia de un infante. Cuánto daría por simplemente existir. La vida me ha dado todo y nada a la vez. Mucho y poco en todos los sentidos.

Una mente brillante ligada a un alma en pena. Unos ojos audaces y un corazón quebrantado. Soy todo lo que odio y mucho más. Soy todo lo que anhelo y mucho más.

No quiero, no puedo, no debo, no exijo, no grito, no pido. Todo y nada. Nada y todo. Soy solo yo misma.

Capítulo 45

07:50 pm, 04 marzo, 2012

Nuevo medicamento, same shit. Ojalá sea la respuesta a esta vida sin sentido, sin rumbo aparente.

Cansada de lo mismo, cansada de la rutina autodestructiva que está arraigada en lo más profundo de mi alma. ¡Quiero liberarme de mis ataduras! Quiero ser libre y poder volar hasta destinos inimaginables que ni en mis momentos más grandes de brillantez puedo ver.

Tantos deseos, tantos sueños, tantas esperanzas que esperan irse al baúl de los recuerdos… ¡No! ¡Jamás! Ese día, el día que ni una pizca de luz quede dentro de mí será el día que ponga un final a este drama digno de una novela. La novela más depresiva jamás contada.

Vivir a la expectativa de que todas las velas se apaguen de tu vida para poder jalar el gatillo no es como hubiera imaginado mi historia.

Con esto compruebo que la vida no es justa y debes atenerte al guión que te tocó. Aunque para mí signifique un final trágico.

Capítulo 46

09:02 pm, 17 marzo, 2012

El problema es que me da miedo.

Siempre la confrontación. A tal grado que me provoca una desadaptación con los que me rodean. Prefiero huir que enfrentar los problemas. Discutir.

Me duele en lo más profundo cuando estoy ante la situación de un enfrentamiento. Huir es más seguro. No sales lastimada si huyes. Eres más feliz si huyes.

Los problemas son para los demás. Yo vivo en una burbuja perfecta llena de fantasía, bondad, amabilidad, paz.

Creo que mi mundo perfecto está siempre en riesgo de derrumbarse y por eso tengo tanto miedo… miedo a perder todo lo que por tanto tiempo me he aferrado…

Huir para sobrevivir, huir para ser feliz, huir para no morir, huir para poder…

Es curioso, en mi familia puedo discutir pero confrontaciones es distinto. Para algunas cosas sí soy muy gruñona, para otras peleo por no pelear. Me afecta y mucho. Quisiera que no fuera así. Quiero ser de hierro.

Capítulo 47

11:24 pm, 24 abril, 2012

Un corazón roto, unas ilusiones vacías. ¿Por qué soy yo la que siempre termina por despertar a una realidad aún peor que la pesadilla? Quien dijo que el amor dolía es porque sabe lo que significa un corazón aplastado por eventos desafortunados.

Patético que a mis 22 años esta sea la primera vez que entro al juego, o mejor dicho la ruleta rusa del amor. En la que las posibilidades de salir ganando son más pequeñas que la capacidad que tiene uno para sanar después de una puñalada en el pecho.

Poético tal vez, poco realista quizá, sufrida puede ser. Pero digan lo que digan a esta persona ya la han dejado recogiendo las ilusiones arrancadas de sus sueños más dulces. Quien dijo que el amor es ciego tiene toda la razón. Quien dijo que el amor crece y se hace más fuerte a pesar de la adversidad también está en lo correcto. Lo que falta es mencionar lo que tarda en remendarse cuando te lo han roto en mil pedazos.

Quién será, quien escuche tu cantar

Quién será, quien comparta tu respirar

Quién te ayudará a pasar las noches frías

Quién te ayudará a vivir el día a día en armonía

Quién cuidará de ti

Quién velará por ti

Nadie sanará tus heridas

Nadie espantará tus pesadillas

¿Alguien soñará conmigo?

¿Alguien me librará del castigo?

Llora niña… llora hasta que tu alma blanca sea. Blanca sea.

Las palabras huyen al silencio. Los gritos marchan al tono del compás de tus plegarias. Los sueños que comparten los dos en la cama, se van al abismo de tus ojos. No puedo mantener la fachada, hace falta la orquesta que armonice los segundos que paso a tu lado.

Quiero gritar, quiero pensar, quiero existir en un mundo donde yo sea tu todo, quiero no vivir en el mundo en que soy tu nada.

Capítulo 48

10:48 pm, 25 abril, 2012

Quiero escapar a un mundo donde sea feliz. A nunca jamás. Quiero escapar a un lugar donde pueda ser yo misma. Donde pueda gritar, llorar, reír, disfrutar, vivir como sea que lo desee. Quiero poder ser libre. Quiero disfrutar lo que se me ha preparado. Quiero ver al cielo y que se refleje en mis ojos la gloria del universo.

Quiero ser la que siempre soñé.

Quiero ser la que siempre soñé.

Quiero ser la que siempre soñé.

Quiero ser la que siempre soñé.

Hija pródiga que camina por senderos sin rumbo fijo aún. Que desea desde lo más profundo de su corazón regresar a donde comenzó. A su lugar de origen. Quiero un lugar ahí. Por siempre y para siempre. Por siempre y para siempre. Por siempre y para siempre.

Capítulo 49

01:05 am, 11 mayo, 2012

Quiero publicar esto.

Quiero que la gente que pasa por esa enfermedad vea que no está sola. Quiero que vean cómo ha sido mi lucha y cómo seguirá siendo hasta el día mi último suspiro.

Mi vida sigue. Eso es al final lo que importa... nunca dejar de lucha, por más que uno quiera descansar. Es no parar hasta las últimas consecuencias, que es vivir la vida misma al 100%.

Actualmente recibo tratamiento médico con mi psiquiatra, tengo citas para psicoterapia, escribo, leo, voy a la iglesia. Trato de ya no hundirme en el barco de la depresión.

No se engañen, siempre estará atado a mí. Lo único que puedo hacer es seguir adelante con mis medicamentos y terapia. De verdad espero que a alguien le ayude. No sé en qué manera aún, pero sería muy agradable.

Capítulo 50

09:30 pm, 16 mayo, 2012

Sé que es una prueba de Dios. Sé que es una prueba mandada por Dios. Es difícil levantarse después de haber caído tantas veces. ¿Pero que más se le puede hacer? Vivir es la opción. Morir ya no la es. No por elección propia. He aprendido a valorar esos pequeños momentos que llegan a tu vida como estrellas fugaces y atesorarlos en un interior. Como si estuviese almacenando felicidad para la época de sequías.

Tengo tanto miedo de que la sequía se extienda hasta la eternidad… sé que Dios no lo permitiría, pero una parte de mi alma tiene miedo legítimo a esto. Mis gritos se apagan con el ruido de los demás. Me quedo sin fuerzas para seguir gritando. Me quedo sin fuerzas de seguir luchando. Sólo Dios me tiene aquí. Sólo él sabe lo que he sufrido y me ayuda cuando la oscuridad se ha metido muy profundo a mí ser. Dios termina ya con este sufrimiento… acaba ya con este dolor que parece que nunca acabará.

Capítulo 51

10:33 pm, 13 junio, 2012

Hoy decidí rebelarme, escribí con tinta azul. Rebelarme a todo lo que soy no es solo con qué pluma escribirás sino con qué enfoque veas lo que te rodea. Ahora lo hago con uno de apatía por mis propias "reglas" auto-impuestas.

Hay algo diferente en mí. Algo que viene desde antes de mi propio nacimiento. No es que sea tan egocéntrica, pero no puedes negar lo que ves a simple vista, o con lo que vives día a día. Soy especial, nací especial y no habrá terapia ni pastillas que me vuelvan a un estado en el que en primer lugar ni sé cómo es ser más del montón. Pero en mi interior sé que no lo soy. Soy algo más, más allá de lo que incluso puedo comprender. Ya no tengo miedo de reconocerlo, ya no.

Hoy encontré unos escritos que los tenía en una carpeta que usaba en mi preparatoria. No he de haber tenido ni 16 años. Me sorprendí a mí misma... uno es el Lobo Estepario de Herman Hesse:

"Tengo gran curiosidad por ver cuánto es realmente capaz de aguantar un hombre. En cuanto alcance el límite soportable, no habrá más que abrir la puerta y ya estaré fuera..." Harry Haller.

Podemos ver que vengo cargando con esto por mucho tiempo. Es increíble cómo ese fragmento anterior puede resumir mi propia existencia, luchando contra el suicidio.

Creo que es la primera vez que digo la palabra prohibida: suicidio. Había puesto creo el adjetivo de ser suicida, pero no el acto mismo.

Puedo ver que ahora soy más madura y más consciente de que mi vida ha estado al filo de este acto desde hace muchos años, y que los pensamientos del suicidio incluso están más arraigados dentro de mí. Es como un tatuaje que te deja una huella imborrable.

El segundo papelito muestra algo que escribí. ¡Me encanta! Sigo sin poder creer que tanta intensidad vivía en mí en plena adolescencia.

PENUMBRA

Sombras

Sombras que alimentan mi alma

Sombras que iluminan mi sendero

Que sofocan mi sufrir

Que acompañan mi soledad

Sombras que llenan el vacío de mi ser

Sombras que no se irán

Penumbra se ha convertido mi existir

Penumbra es lo que me ha tocado vivir.

¿Qué tal? No tu típica adolescente de 16 años. En fin. Como dice el poema, sombras y penumbra me han tocado para mí. Soy la parte oscura del todo. Necesito luz para ser complementada. Al fin comprendí que soy así porque yo soy el lado negativo de la vida. Me tocó ser el negro. Y así viviré hasta el resto de mis días.

Llorar, ya no sirve llorar.

Llorar... ya no hay lágrimas disponibles.

Llorar… ya nadie está presente. Soledad. Sólo la soledad me hace compañía. Me cuida, me acaricia, me dice todo lo que nadie nunca jampas me dijo antes… un te amo.

La soledad me tomó entre sus brazos y me dijo que no llorara más, que el tiempo ya tenía muchas lágrimas mías y que ya no podía con más.

No tengas miedo.

No tengas miedo.

No tengas miedo.

No tengas miedo.

No tengas miedo.

No tengas miedo.

No tengas miedo.

No tengas miedo.

No tengas miedo.

No tengas miedo.

No tengas miedo.

No tengas miedo.

No tengas miedo.

No tengas miedo.

No tengas miedo.

No tengas miedo.

No tengas miedo.

No tengas miedo.

No tengas miedo.

No tengas miedo.

No. No. No. No. No. No. No. No. No. No. No. No. No. No. No. No. No. No. No.

Capítulo 52

06:37 pm, 17 junio, 2012

La televisión es un medio para poder ver muchas cosas. Los medios de comunicación son el método más fiable para poder ver cómo se encuentra nuestra sociedad. Con un programa podemos evidenciar la problemática actual.

Hoy veo programación acerca de trastornos alimenticios. No recuerdo si con anterioridad he hablado un poco de eso. Pero sé que yo soy una persona con problemas de esa índole. Como porque quiero huir de las cosas, de mis problemas. Como porque no me gusta cómo me veo. Como porque quiero llenar el vacío de mi alma, de mi ser. Como porque no sé cómo canalizar mis emociones. Como porque estoy deprimida, como porque estoy ansiosa, como porque puedo comer, como por estar aburrida. Como porque me gusta la comida. Como porque soy adicta a la comida. Como porque soy obesa. Como porque no me quiero. Quiero dejar de comer, quiero enfrentar mis problemas como las personas normales. Quiero

ser querida y querer. Quiero dejar este cuerpo.
Quiero dejar de comer. ¡Quiero dejar de comer!
¡Quiero dejar de comer! ¡Quiero dejar de comer!

11:17 pm, 22 junio, 2012

Tengo tanto miedo al cambio. Tengo tanto miedo al fracaso. Tengo tanto miedo a ser yo. Tengo tanto miedo a no ser nadie.

06:56 pm, 24 junio, 2012

Sing me to sleep.

Sing me to sleep. I'm tired and dying. I want to go to bed.

Sing me to sleep.

Sing me to sleep. And then leave me alone.

Don't try to wake me in the morning cause I'll be gone.

Don't feel bad for me.

I want you to know deep in the side of my heart I will feel so glad to go.

Sing me to sleep.

Sing me to sleep. I don't want to wake up on my own anymore.

Sing to me.

Sing to me. I don't want to wake up on my own anymore.

Don´t feel bad for me.

I want you to know deep in the side of my heart I will feel so glad to go.

There is another world.

There is a better world.

It must be.

The Smiths: asleep

¿Qué se sentirá ser normal? Sentir como la gente normal. No llevar años con una carga llamada depresión. ¿Qué se sentirá no querer matarte cada vez que te sientes un poco triste? ¿Qué se sentirá no sentirse triste?

Sing me to sleep.

Sing me to sleep.

Sing me to sleep.

Sing me to sleep.

Sing me to sleep.

Sing me to sleep.

Tan feliz como quieras serlo.

tan feliz como quieras pelo
Tan como quieras pelo
tan feliz como quieras pelo
tan feliz como quiero pelo
tan feliz como quieras pelo
tan feliz como
quieras

Capítulo 55

12:41 am, 13 agosto, 2012

Me siento en un profundo abismo tanto espiritual, mental, afectivo. Incluso mi pasión para escribir los des fortunios propios se han vuelto contra mí. ¿Será acaso que me encuentro en una de esas etapas en que el principal personaje se haya en una encrucijada de lo que ha sido su vida y la vida que le espera? ¿Será acaso eso? ¿Qué cosas buenas al fin llegarán a mi puerta?

No me hago muchas ilusiones, esto ya ha pasado y el abismo se agranda y trae más oscuridad y profundidad.

Ayer supe que un compañero de licenciatura no obtendría su título por negarse a tomar sus antipsicóticos, es esquizofrénico. Me identifiqué al instante con él. Es que no saben lo difícil que es el vivir con algo y saber que no puedes contra él... siento que cada vez se apodera de mí de una forma que se arraiga hasta dejarme desprotegida. Siento que a estas alturas él sólo me deja disfrutar de las cosas cuando le apetece.

Ha consumido ya cada parte de mí, que lo que queda son los pedazos que he tratado de reconstruir a lo largo de estos años. Me hace recordar: si Dios conmigo, quién contra mí.

Pero esto… esto es distinto. Uno puede hablar como si nada de factores externos, pero cuando tus demonios son tus propios sentimientos, acciones; cuando el diablo mismo yace en la cantidad de tus neurotransmisores. Esa batalla se alarga y se vuelve tan distinta a las anteriores. Es una lucha interna por un control biológico perdido. Es como si lucharan por un fruto cuyo centro está podrido. Si quieren salvarlo tienen que esforzarse más. Una lucha en la que yo soy tanto el intermediaron como el contrincante.

Hace una semana murió la mamá de una amiga, al día siguiente murió su abuelita. Esto dejó una gran ola de pensamientos girando sin control en mi cabeza. La vida no significa nada para cuando mueras.

En esos momentos que entras a otro lugar lo demás se vuelve nada. Nada… mi peor temor.

Que nadie me recuerde, que todos a la larga se olviden de mi existencia, que sigan sus vidas como si yo nunca hubiera sido parte de ellas. El miedo a volverme NADA, ningún recuerdo, ningún momento que cruce por sus mentes. <u>Simplemente como si nunca hubiese existido.</u>

Esa es la base de todo miedo que me atormenta, el miedo a volverme nada en la eternidad de los demás. Mi miedo al más allá, miedo a la nada.

Tengo miedo a la nada, tengo miedo a no ser nadie, a o ser algo para alguien (sin ningún recuerdo, NADA). Todo al final desaparece. Tengo miedo a que me olviden y por ende que mi existencia vaya desapareciendo conforme a eso.

Tengo miedo a la nada.

Tengo miedo al olvido.

Tengo miedo al no haber existido.

Capítulo 56

01:06 pm, 30 diciembre, 2012

Desde Caborca, Sonora

Llegué aquí en día 25 de diciembre. Oficialmente no tengo aún ni un día de interna. Oficialmente claro está. Tres días y 1 guardia han pasado desde entonces en el hospital. Me siendo frustrada, impotente, como basura, tonta, incapaz, pero sobre todo con mucha tristeza y miedo. Miedo a errar en lo que hago. Miedo a si en verdad esta es mi vocación.

Quisiera salir corriendo de aquí. Quisiera despertar y tener la oportunidad de volver a elegir qué hacer con mi vida. Quiero no estar aquí.

Me supera

Temía desde antes que esto pasara, estar demasiado vulnerable para vivir esto. Creo que fue un error el venir aquí.

No los quiero decepcionar. Están tan orgullosos de mí. No quiero causarles una tremenda decepción.

He pensado en matarme. Pero no quiero hacerlo. Quiero hacerlo. Quiero irme. Quiero irme. Quiero irme. Quiero irme. Quiero irme. Quiero irme. Quiero irme. ¡QUIERO IRME!

Estoy apostando que irme es lo mejor.

I'm just broken. I don't know what to do. I don't know what to feel.

Tengo miedo a lo que será de mí. Tengo mucho, mucho miedo. No puedo vivir así. Con todos estos sentimientos, esta angustia. Me destruyo de la peor manera. La manera lenta.

Quiero gritar, escapar, despertar de esta pesadilla que yo misma me provoqué.

Quiero que alguien me escuche. Dios dame una señal. Dios dame una señal. Quisiera que nadie me juzgara. Quisiera que todos estén felices al ser yo la feliz. Quisiera no tener la presión de complacer a los demás. Quisiera no tener que darle tantas cuentas a nadie. Quisiera poder tomar todas las decisiones que crea convenientes u no estar esperando a que los demás lo aprueben.

Quisiera no ser yo.

Quisiera ser alguien más.

Quisiera poder verme al espejo y estar feliz con lo que veo.

Sólo por una vez en mi vida.

Odio lo que soy. Odio lo que me he convertido. Quiero una salida. Quiero una salida. Quiero una salida. Quiero una salida. Quiero una salida. Quiero una salida. Quiero una salida. Quiero una salida. Quiero una salida. Quiero una salida. Quiero una salida. Quiero una salida. Quiero una salida. Quiero una salida. ¡QUIERO UNA SALIDA!

PARTE IV

2013

Capítulo 57

11:27 pm, 02 enero, 2013

La voz es muy fuerte… muy pesada… como un disco rayado… diciendo lo mismo y lo mismo y lo mismo. ¿Cómo le hago para pararla? QUIERO QUE PARE. ¡QUIERO QUE PARE YA!

Me vuelve loca, me vuelve loca. Me fastidia, me atormenta. Me invita a hacerle caso. Pero, ¿cómo hacerle caso?

Me muestra imágenes de qué hacer, cómo hacerlo.

NO QUIERO.

Es muy pesada. Me hace imaginarme haciéndolo. NO QUIERO

Quiero que se vaya, que se calle para siempre. No sé a quién decirle. Busqué en mi mente y no encontré a nadie que pudiera escucharme. Estoy sola. Tan sola.

Eso es lo que quiere. Yo sé.

Me quiere vulnerable. Más de lo que ya estoy. Quiere que siga lo que dice.

NO ME QUIERO MORIR.

Pero es mucho.

Alguien que me escuche.

Que haga que se vaya.

¡¡NO ME QUIERO MATAR!!

Capítulo 58

12:03 am, 07 enero, 2013

Nacer, crecer, reproducirse y morir. Esa es la línea que debemos seguir para poder decir que tuvimos una vida de provecho. ¿Qué hacer cuando se nace sabiendo que esa línea de sucesos no acontecerá? ¿Cómo te enfrentas a lo inevitable?

Muy dentro de mí ya lo he aceptado. Sé que terminaré con mi vida tarde o temprano. Es cuestión de tiempo.

Yo lo sé.

Dios lo sabe.

Lo que queda de humanidad sigue aferrándose a la idea de que todo cambiará, que yo cambiaré y que todo esto será más que un capítulo de una gran novela. Mi mente, mi alma quieren creer todo eso. Pero… empiezo a pensar que estoy por resignarme.

Muchas veces pienso en cómo será cuando muera. Las reacciones de todos. Aunque parezca raro, me gusta imaginar todo ese escenario. Me hace sentir querida, no tan sola.

El hecho de que muera y otros lloren por mí me hace sentir no tan vacía. Me hace falta vivir.

Quisiera que mi cabeza no diera tantas vueltas.

Quisiera no escuchar voces que me invitan a hacer o que no quiero.

Quisiera no estar sola.

Quisiera no sentirme tan vacía por dentro y por fuera.

Quisiera a veces nunca haber existido.

Quisiera nunca haber existido.

Quisiera nunca haber existido.

Quisiera nunca haber existido.

Quisiera nunca haber existido.

Quisiera nunca haber existido.

Quisiera nunca haber existido.

Quisiera nunca haber existido.

Quisiera nunca haber existido.

Quisiera nunca haber existido.

Quisiera nunca haber existido.

Quisiera nunca haber existido.

Quisiera nunca haber existido.

Quisiera nunca haber existido.

Quisiera nunca haber existido.

Quisiera no sentir remordimiento y matarme de una buena vez.

Capítulo 59

Como aquella vez en noviembre del 2008, no se alejan de mí. Mis papás me vigilan con temor que lo quiera volver a hacer. Ellos tienen miedo que de verdad esta vez sí se cumpla. En esa ocasión no me quitaban los ojos de encima, no tenía tiempo ni de respirar. Piensan de verdad que lo voy a intentar de nuevo.

Tengo días sin poderme dormir, tengo otros donde es lo único que hago en las 24 horas. No están nada felices mis papás. Todo me es indiferente. Es como si fuera todo gris y sólo el dormir me librara del peso del mundo. Dormir. Dormir. Dormir eternamente.

06:48 pm, 13 enero, 2013

Los pensamientos no han parado, pero el peso e intensidad sí. Es un alivio. Sigo sin remordimiento por la elección que tomé. Sólo quisiera saber si debe ser permanente o sólo es una fase. Cuando vuelva a mi realidad todo sea como bruma dispersándose. No sé qué será de mi vida. Esa es la presión que siento en estos momentos.

Casi a mis 23 años y no sé qué rumbo tomar. Con todo lo que he pasado puedo justificarme, pero sé que es una cobardía. Y lo sigo haciendo.

Me sigo sintiendo sola. He comprendido que en realidad amigos, "amigos" no tengo. Sólo conocidos. Eso me entristece y mucho. El ver a los demás felices, con sus vidas trazadas por senderos concretos y llenos de amigos… me enferma.

Es cuando todo vuelve a ponerse mal. Donde vuelvo al círculo vicioso que duro tiempo en salir. Mi familia está conmigo, pero a la vez no. Es como si sólo estuvieran presentes en cuerpo, más no en alma o pensamiento hacia mí. No quiero estar sola. Me da miedo lo que mi mente piensa cuando está libre. Para que no pase eso necesito que me vean como soy.

Nadie me llama.

Nadie se preocupa por mí.

Me siento sola.

No tengo a nadie.

Todos son unos farsantes.

Nadie. ¡¡¡LOS ODIO!!!

¡Véanme!

¿Acaso no me oyen gritar?

Escúchenme...

¿Por qué no me hablas? ¿Por qué me ignoras? ¿Acaso no vez que sufro por tu indiferencia? ¿Significo tan poco para ti? ¿Te gusta tanto hacerme sufrir?

Te odio. Te odio porque sé que nunca podré odiarte. Siempre tarde o temprano terminaré ignorando lo que haces o no haces. Mi corazón se rompe cada vez que te pienso.

¿Qué ganas con hacerme sufrir? Un rechazo no sería tan doloroso como lo que me haces. Ignorarme. Como si nada hubiese pasado nunca. Como si nunca te hubiese conocido.

Quisiera también yo poder hacerte lo mismo. Pero los dos sabemos que nunca pasará. Algún día te darás cuenta de todo lo que pudimos ser. Por ahora recogeré los pedazos que dejaste tirados. Que mi pobre corazón sane.

Me has roto más de lo que ya estaba. Me has dejado más vulnerable de lo que me encontraba anteriormente. Pero, ¿sabes una cosa? La mayor parte de la culpa me la llevo yo. Por pensar que podía ser querida. El pensar que era lo suficientemente especial como para vivir una relación.

Me culpo por no percatarme de eso y dejar que mi cabeza creara situaciones, las cuales llenaban de ilusiones mi corazón. Pero esa falta de tacto… como dice una canción de Christina Perri (jar of hearts): you're gonna catch a cold, from the ice insede your soul. ¿Sabes? Te describe perfectamente.

Nunca pensé que fueras tan frío. Pensé que te importaba aunque sea la amistad de tantos años. Pero uno no puede confiarse en las personas. Y menos cuando dejas tu corazón en sus manos. Prometo olvidarte. Prometo no llamarte. Prometo odiarte.

Capítulo 64

01:26 pm, 14 enero, 2013

La finalidad de la vida es vivirla, ¿no? Entonces, ¿por qué nos aferramos a no vivirla en todos los sentidos posibles?

Tengo miedo, mucho miedo. Tengo miedo a la decepción. Quizá sea porque no queremos salir de nuestra zona de confort. Bien dice la frase: más bale malo por conocido que bueno por conocer. BULLSHIT. Deberíamos arriesgarnos. Tomar el celular y mandar el mensaje que tanto queremos mandar. Decir las palabras que llevan hechas nudo en nuestras gargantas desde hace tiempo. Pero volvemos a lo mismo. El miedo al rechazo.

Ya no sé si soy coherente o no. Pero es mejor escribirlo que dejar todos estos pensamientos e ideas revoloteando por mi cabeza peleando por tomar el control.

En general las voces se han atenuado. Me siento menos cansada, pero más sola. Cada día una llamada, un mensaje, un algo de alguien podría hacer la diferencia entre volver al ciclo o querer salir de él de una buena vez. ¿Es tan difícil? No quiero que estén por compromiso. Si no que lo hagan porque lo desean.

No puedo distinguir la delgada línea entre lo que realmente quiero y lo que mi depresión me dice que deba querer.

03:24 pm, 21 enero, 2013

EL MUNDO DE LOS QUIZÁ

La canción de Gotye - Somebody That I Used To Know nos dice que: We can get addicted to a certain kind of sadness. ¿Seré adicta a la soledad, infelicidad, angustia, odio a mí misma, etc.? ¡Para qué hago lo que hago si la respuesta es tan obvia!

Siempre creemos que nuestro sufrimiento es único, y que nadie nunca entenderá nuestro sufrir. Pero la verdad es que aunque sí, cada cabeza es un mundo, compartimos ciertos tipos de sufrimientos. En otras palabras nunca estamos o somos completamente solos. Al igual que no somos ni estamos completamente locos.

Parece ser que veo más claro ahora. Aunque es porque hago trampa. Tomo más medicamento de que debería. Pero si eso me hace estar como estoy ahora, es perdonable.

Las personas y las ideas son cosas similares. A veces las entiendes, a veces no. En ocasiones todas se alborotan a tu alrededor, mientras que otras veces estás en silencio.

¿Hice mal en salirme del internado? No lo creo, o quizá sí. Pero en la vida ya no existen los qué hubiera sido si… la realidad es que nunca existieron y nunca existirán segundas oportunidades en un evento específico en tiempo y especio determinados.

Puedes ser que en un mundo donde el qué hubiera sido fue y yo me encontrara en Caborca en estos momentos. O a lo mejor ya muerta. Los mundos de los quizá puede que no los veamos pero existen a la par de nuestras acciones cotidianas.

En mi mundo del quizá donde decida salirme de medicina en mi 10mo semestre (internado) puede estar tan cerca o tan lejos como yo quisiera en estos momentos. Quizá algún día deje de escribir, quizá un día me cure, quizá todo está sólo en mi mente, quizá no.

Quizá no llegue la maestra de violín…en fin.

Y nunca llegó.

Capítulo 67

Érase una vez en una cuidad la cual no
recuerdo su nombre,

Una pequeña niña con un don diferente a
cualquier hombre.

Era suspicaz, ansiosa y angustiosa;

Inteligente, desconfiada y caprichosa.

Su mente como un torbellino era,

Pues su espíritu y alma vacíos para quien
viera.

Pasaba las horas recordando sus tristezas día
a día,

Más nunca se imaginó el camino que seguiría.

Un cambio repentino de corazón encontró,

Y su vida entera cambió.

Ahora lucha con destreza, esas batallas que
gana con proeza.

Capítulo 68

07:01 pm, 25 enero, 2013

¿Qué significa para cada persona el ser responsable de su propia vida? Me he estado preguntando esto desde hace tiempo. Qué valor le damos al poder crear nuestro propio sendero. Seguramente es más fácil llevar clases de violín, solfeo, ruso, italiano y japonés al mismo tiempo que contestar esta pregunta siendo totalmente objetivos.

El valor de la vida es el que nosotros le queremos dar. Así de fácil, así de sencillo, sin embargo, tan complejo como nunca podré figurar.

Es aquí cuando otra frase queda como anillo al dedo: cada cabeza es un mundo.

Cada día tengo menos esperanza y fe en mí. No sé cómo explicarlo. Es como si cada instante que pasa una luz interna se va apagando muy lentamente. Aunque ahora… ya casi no queda luz.

Quisiera esas fuerzas de cuando niña, de cuando creía que podía con todo y con todos.

De cuando la caricatura de las 6 de la tarde era
lo más importante del día. Cuando mi vida no
era tan como es ahora. Quisiera esos días de
vuelta. Nunca crecer. Nunca jamás crecer. En la
tierra de nunca jamás.

Capítulo 69

10:37 pm, 27 Enero, 2013

Las reglas existen por una razón. Son para mantener un orden el cual nos permite funcionar. Como un reloj y sus engranajes bien coordinados. Creamos reglas para armonizar nuestras acciones y tener un balance adecuado en nuestra sociedad, escuela, hogar; incluso con nosotros mismos. Nos autoimponemos un cierto código el cal procuramos seguir.

Como por ejemplo el hecho de que este cuaderno este escrito en su mayor parte en tinta negra. O que nunca haya una línea en blanco. Excentricidades o no, tienen su función; como lo menciono.

Pero… ¿qué sería de la humanidad si esto se siguiera al 100% en todas las circunstancias? sin meterme mucho en el tema de la ética y moral, es sólo el hecho de que las reglas deben de romperse en determinados momentos para asegurar un bien mayor (the greater good). Es como si estuviese escrito en nuestro DNA. La esencia del hombre mismo.

Ignoro la razón de esta entrada. De repente llegan a mi mente ideas y conceptos sin razón aparente. Deseosa de que otros se vayan, sigo pensando en la decisión más importante de mi vida entera…

A 11 días para mi cumpleaños… el número 23. La pregunta del millón.

¿Seguir o no seguir en medicina? ¿Aventurarme y entrar a una nueva carrera (psicología)?

He tratado de hablar con personas que conocen un poco mi problema. El problema es que no parecen responder a mi llamado de auxilio. Es como si gritase al abismo, esperando que éste me regrese la respuesta que dará verdadero sentido a mis casi 23 años de existencia… ¿seguir o cambiar?

Una nueva profundidad.

Esa sensación de estar llegando a un lugar tan oscuro que todo te rodea y te abraza de tal manera que sabes que su cálida bienvenida sólo significa tu estadía permanente. YOU JUST KNOW IT.

Si sólo tuviera a alguien con quien hablar de sus problemas. A alguien a quien contarle sus dolencias… a alguien para no sentirse tan sola. Estar rodeado de personas no significa que estas exento de sentir la soledad. Es cuando más duele, en realidad.

05:11 pm, 07 febrero, 2013

23 años… se dicen fácil. Se viven no tanto.

Como siempre, esperando más de lo que uno recibe. ¿Por qué nos aferramos a querer recibir o tenemos tan altas expectativas de los demás si de antemano sabemos que lo único que obtendremos siempre es una gran decepción?

Desde mensajes de FB de tus conocidos, por no decir "amigos".

¿Es tan difícil ser amable con el prójimo? ¿Por qué no podemos dar más a los demás? O más bien yo soy la que siempre da todo a los demás y espero eso de ellos. Ilusa. Los demás les vale lo que quieras, piensas, sientes. Sólo existen ellos. Nunca esperes nada de nadie. Nunca esperes nada de nadie. Nunca esperes nada de nadie. Nunca esperes nada de nadie.

Soy tan egoísta. Mi prima en quirófano en una histerectomía por CACU y yo aquí pensando esto. Pero eso me caracteriza. Ser mártir. No sé ser otra cosa. No puedo ser otra cosa. Todos me dejaron abajo. Mis amigos se reducen a 2 llamadas telefónicas. ¡Sólo dos!

Capítulo 73

03:41 pm, 21 febrero, 2013

Cuando pides a Dios, que mande señales que te ayuden y guíen en cierta situación, es increíble la forma en la que responde.

Ya es sabida mi indecisión por dejar 4.5 años de mi vida de futura médico o simplemente hacer un borrón y cuenta nueva a todo y empezar en la carrera de psicología,

Mis padres ya lo saben. Es raro. Tengo muchos pensamientos y sentimientos encontrados. No sé, ni tengo idea alguna de qué será de mi persona.

Por equis razón una conocida publicó que leía el alquimista, después de eso, bajé el libro a mi celular. Y, oh sorpresa. Me llenó de tanta alegría el leer un mensaje que me llega diariamente con frases del libro que pareciesen hechas para mí en este preciso momento.

Creo en las señales, creo en mi sueño que es ayudar a personas como yo. Más aún no sé cómo abordarlas. Como médico o como terapeuta.

03:02 pm, 02 mayo, 2013

Mi gran problema es que pienso demasiado.

Pienso todo lo que no debería y eso me daña.

Deja de pensar. Deja de pensar.

Deja de pensar.

Deja de pensar.

Deja de pensar.

Deja de pensar.

DEJA DE PENSAR.

03:54 pm, 12 mayo, 2013

1. ¿Quién soy?

Soy una persona común y corriente que trata de encontrar su camino por el mundo y que tropieza y cae al intentarlo. Soy una mujer, hija, hermana, prima, amiga, conocida. Soy suicida.

2. ¿Cómo soy?

Soy muy leal y fiel, amistosa, comprensiva, cariñosa, detallista, cordial, consejera, confiable, generosa, empática, soñadora.

Soy muy insegura, depresiva, celosa, enojona, explosiva, que tiene miedo a los cambios, en ocasiones fría, en veces desconsiderada, floja, dependiente, paranoica en extremo, perspicaz, infeliz, tengo muchas ideas que no debería tener, envidiosa, me desconecto de la realidad, me gusta complacer a los demás a costa de muchas cosas que quiero consciente o inconscientemente, soy compulsiva, obsesiva en ciertas cosas. SOY SUICIDA.

3. ¿Cuánto y cómo me quiero?

A veces tengo momentos en que me quiero mucho. Pero la mayoría del tiempo no me quiero mucho que digamos (un 2) o incluso nada (0). No me quiero como soy y como me veo físicamente. No me quiero porque me presionan, sobre todo mi mamá, a bajar de peso. Me hace sentir que valgo menos de lo que creía.

4. ¿Qué necesito en este momento de mi vida?

Necesito atención, que me escuchen, que no me ignoren, que me quieran con todos mis defectos y virtudes, por mi físico, que me amen a pesar de yo no hacerlo. Necesito reconocimiento de mis padres, necesito aceptación de mis compañeros y amigos. Necesito amor, un apapacho, un abrazo, un: muy bien Fernanda. Necesito encontrarme como persona. No dudar de lo que soy, cómo soy y lo que quiero. Necesito aceptarme yo misma con todo lo que eso implica. Saber cuál es mi camino; si medicina u otra cosa.

5. ¿Quién me quiere y a quién quiero yo?

Me quieren mis padres, mis hermanos, mi familia. Me quieren mis amigos (los pocos que tengo). Y quiero a mis padres, hermanos y familia en general. Quiero mucho también a mis amigos que me han apoyado mucho. Más que mi propia familia.

6. ¿Qué me emociona en este momento?

Realmente nada.

7. ¿Qué agradezco? (a la naturaleza, a la vida)

Le agradezco que a pesar de todo sigo aquí y en buenas condiciones, económicamente hablando. Así como mi familia. Agradezco la capacidad intelectual que tengo. Que sé que a pesar de todo no soy una persona del montón. Agradezco a mis padres y a mis hermanos la paciencia que han tenido conmigo, a pesar de dejarlos a oscuras en muchos de mis problemas. Agradezco a mis amigos que me han apoyado en todo.

8. ¿Para qué estoy aquí en el mundo?

Para ayudar a personas como yo, que viven día a día cargando con un peso que los hunde en un hoyo en el cual no pueden ver la luz. Para ayudar a personas que han perdido la esperanza y buscan la salida rápida, en la cual pienso a diario. Pero sobre todo, sé que estoy aquí para ser feliz (aunque hasta el momento no lo parezca). Ser feliz.

Ser feliz.

Ser feliz.

Ser feliz.

Ser feliz.

08:03 pm, 12 mayo, 2013

Mumford & sons: Liar.

P!nk: Just give me a reason.

Goyte: somebody that I used to know.

ME SENTÍ ESTÚPIDAMENTE MAL.

04:26 pm, 29 julio, 2013

¿Por qué no estoy muerta? ¿Por qué no estoy muerta aún? Sólo quiero salir corriendo y dejar de lado todo lo que me hace sufrir. Poco a poco me está consumiendo, muy lentamente se apodera de mi mente, mi alma. No deja nada a su paso.

Vivir pensando en cada momento acerca de tu muerte no es vivir.

Quiero morir. Quiero morir. Quiero morir. Quiero morir. Quiero morir… ¡No es justo! ¿Por qué tuve que ser yo? Quisiera no tener que vivir así. Quiero ver la luz en mi vida. No vivir en la oscuridad. Quiero ser libre. QUIERO PODER MORIR DE UNA BUENA VEZ. Quiero poder morir de una buena vez. Quiero poder morir de una buena vez... quiero poder morir de una buena vez.

Capítulo 78

03:39 pm, 22 septiembre, 2013

Do you feel alone? Like no one else cares? I care. GOD CARES. Please, find a reason to live. You deserve it. You're beautiful! And it hurts me to see what goes around me. The hurt, the pain and what we go through. To feel accepted. You're so much better than that. Much better.

Capítulo 79

03:29 pm, 23 septiembre, 2013

Vivir. Vivir consiste en una serie de procesos biológicos que impiden que tu cuerpo deje de funcionar. Vivir es tener conciencia de tus acciones. Es despertar cada día... tener experiencias, relacionarte con el mundo que te rodea. Vivir es algo implícito en el hombre, no es algo que pensamos seguido... sólo lo hacemos.

Dicen que debemos disfrutar de la vida, que debemos aprovecharla al máximo.

Pero... ¿Qué pasa cuando alguien va en contra de esto? ¿Qué pasa cuando queremos dejar esa oportunidad de ver un nuevo día? ¿Por qué la sociedad no puede aceptar el hecho de simplemente tener el deseo de dejar de existir? Volverse nada...

Las personas no comprenden. Las personas desconocen... desconocen la depresión. Desconocen lo que es despertar cada día con un dolor en tu pecho... tan fuerte y profundo que no da tregua alguna a nada... ni siquiera a medicamentos.

Cómo le explicas a una persona el sentir un vacío tan arraigado en tu ser, tan constante que te impide sentir cualquier tipo de placer, felicidad. Te conviertes en un robot... realizas todo mecánicamente, sonríes cuando debes hacerlo, respiras porque tu cuerpo lo hace... no porque tú quieras hacerlo.

Cada lágrima, cada suspiro, cada pensamiento... todo es un torbellino que te hunde en una oscuridad que poco a poco se apodera de ti. De todo lo que piensas, haces, cada aspecto de tu vida.

No puedes dejar de pensar lo maravilloso que sería liberarte de tanta presión, tanto sufrimiento, tanto dolor. Los demás sólo ven lo que quieren ver. Nunca te verán llorar, destruido, muerto en vida.

Sólo quieren permanecer en su burbuja de bienestar. ¡¡Los odio!! Pero sobre todo me odio. Por haber nacido así, por permitir tanta oscuridad en mí ser... por fundirme en ella y dejarme ciega, por ya no querer volver a la luz. Por salir por la puerta de emergencia. Tirar el gatillo.

Acabar con todo.

Capítulo 80

02:33 pm, 16 octubre, 2013

Las cosas pasan por algo. Nada es dejado al azar. Todo tiene un porqué.

Siempre buscamos darles un sentido a nuestras acciones, nuestras vidas. Pero, ¿por qué tenemos siempre esa necesidad de justificar nuestra misma existencia? Es el miedo a no ser relevantes lo que nos motiva. El saber que todo nuestro ser no es indispensable y que podemos ser reemplazados en cualquier momento.

El ser conscientes de que no valemos nada y que el mundo no dejará de caminar por el simple hecho de morir.

El olvido.

La nada.

Es por eso que vivimos tratando de siempre sentir que somos relevantes, de que de verdad importamos. Que no vivimos en vano.

Aquel que es conocedor de lo anterior y en su alma ha aceptado su condición humana, mortal, condenada al propio olvido es capaz de ver más allá del miedo a su misma humanidad y puede ver la verdadera bondad de la muerte misma.

Porque no hay nada mejor que una vista no cegada por el miedo. Poder apreciar la belleza del olvido, de la nada. Volvernos uno solo con lo que nos rodea y dejar que la naturaleza sea la que se encargue de lo demás.

Ser efímeros.

Nuestros destinos son más que oportunidades infinitas de distintos acontecimientos.

¿Alguna vez se ha preguntado alguien el porqué de nuestro sufrimiento? ¿Alguna vez alguien se ha cuestionado los conceptos de felicidad y tristeza? ¿Por qué lloramos? ¿Por qué reímos? ¿Por qué vivimos y para qué lo hacemos? ¿Tendremos algún propósito que cumplir? ¿Y si no aceptamos lo que nos toca? ¿Deberíamos ser castigados por reusarnos a algo que estaba predeterminado? Y entonces… ¿Quién lo escribió? ¿Quién lo dispuso de esa manera? ¿Qué acaso no somos los dueños de nuestros propios senderos?

No podemos vivir en un mundo donde seamos obligados a cumplir con ciertas expectativas. Somos libres y capaces de decidir hacia dónde queremos ir. Somos libres de vivir la vida como creamos conveniente. Es nuestro derecho el poder vivir a nuestra disposición.

¿Por qué es entonces tan difícil el aceptar que alguien decida no vivir? El que decida ejercer su derecho de vivir, renunciando a ésta misma.

No es cobardía el dejar todo lo que se conoce y partir a la incertidumbre, a la nada. Es de valientes saber que dejas a personas que te llorarán… pero, ¡ES QUE A VECES TODO ES SUPERIOR A TI!

Capítulo 81

08:53 am, 31 octubre, 2013

"… Porque aquel que no haya estado al alcance de la terrible serpiente de la miseria jamás llegará a conocer sus fauces ponzoñosas."

"Se quiere lo que se respeta y se puede respetar únicamente lo que por lo menos se conoce."

La vida no se mide en blanco y negro, todo es una escalada de grises. La naturaleza humana es tan diversa e infinita como el universo mismo.

Hitler fue el autor de las frases del inicio. No podemos andar por la vida juzgando sin conocer el contexto de los demás. A veces desearía poder leer la mente de las personas, tener el conocimiento universal. Ser omnipresente. Somewhere over the rainbow… way up high. There's a land that I of once in a lullaby. Somewhere over the rainbow skies are blue. I feel so lost… so unhappy. I still want to die sooo ba!!! To end this all.

Capítulo 82

10:04 am, 04 noviembre, 2013

Vivir, morir… todo es sólo un proceso. Un camino hacia nuevos destinos. Estamos conscientes de esta parte del camino. No sabemos nada del preludio de nuestra siguiente travesía y mucho menos acerca del epílogo de la misma.

¿Qué habrá más allá de nuestras barreras? Me es imposible creer que no exista algo después de desprendernos de nuestra carne. Para mí la conciencia es la verdadera esencia del alma y pensar que ésta se convierte en nada me perturba mucho. Si no existe un más allá mínimo podemos pensar que hay un reciclado de espíritus, o que éstos renacen en otro universo. Me reúso a creer que mi mera existencia es un evento único e irrepetible. Me reúso a pensar que la nada es lo que me espera.

¿Por qué las personas no parecen interesadas en éstos temas? ¿Por qué se gozan en su ignorancia? ¿Por qué no se cuestionan?

No puedo ser de aquellos del montón que siguen palabras escritas u oraciones sin siquiera cuestionarse el porqué de ellas. No puedo considerarme una persona de fe. Mi mente racional no puede concebir tantas cuestiones sin si quiera dudar de ellas.

Todo escepticismo es bueno. Debemos aprender de él y usarlo a nuestro favor. Hacernos preguntas que nos inviten a razonar, a reflexionar, a no creernos todo lo que nos dicen. Debemos ser más críticos, debemos buscar las respuestas.

No puedo creer en el Dios que la humanidad impone. No creeré en el Dios humano. Seré fiel a mis principios y mis valores. Seré fiel a mi capacidad de cuestionar.

Soy diferente por algo.

No quiero ser uno del montón. Quiero todo lo que la sociedad repudia. Quiero claridad, luz. No quiero vivir en las tinieblas de la ignorancia, en la oscuridad de la dejadez.

Quiero poder ver más allá. Comprender lo incomprensible. Ver las cosas como realmente lo son, sin filtros. Sé que es muy ambicioso…

que para términos convencionales es querer traspasar la barrera humana y desear entrar en dominios de lo divino… pero, ¿a quién que no se encuentre con un rayo de luz no desea ser totalmente iluminado? ¿Es acaso un pecado querer comprender el por qué? Si el no querer vivir en la ignorancia, en la oscuridad es pecado, entonces seré la pecadora más feliz. ¿Cómo seremos en 1000 años? ¿Será el cristianismo un recuerdo histórico como lo es ahora Zeus, Odín, Seth, Ra, Alá?

Las religiones se crearon por la misma necesidad humana de darle significado a lo que les rodeaba. Es un invento de la humanidad para satisfacer su necesidad de entendimiento y control. Siglo XXI y con todos los avances científicos, aún no podemos librarnos del yugo de la religión.

No es que no crea en algo superior. Creo. Creo en el poder y fuerza que hicieron nuestro universo. Creo en el Big Bang. Creo en la materia, en la energía. Creo en la teoría de las cuerdas. En la teoría del caos. En todo lo que hace y da forma a nuestro universo. Pero no creo que el mundo se haya creado en 7 días. No creo en la Biblia. No creo en todas las invenciones del hombre. No creo que estemos solos en el universo. Creo en el conocimiento, creo en la luz. Le seré fiel de ahora en adelante a mis convicciones.

Soy un ser racional, que no cree que hay límite alguno para el entendimiento universal.

Quiero saber. Quiero luz, conocimiento. Quiero no ser ignorante.

PARTE V

2014

Capítulo 83

12:09 pm, 15 enero, 2014

Las cosas siempre pasan por algo. Siempre debemos tener eso muy en claro. En nuestros momentos felices, en nuestras tribulaciones. La humanidad desde tiempos inmemorables ha tratado de satisfacer sus ansias de conocimiento y control por medio de la introducción de poderes superiores a nosotros.

El buscar una entidad que explique y sofoque estas cuestiones está tan arraigado en nosotros, como parte fundamental de nuestra misma esencia.

Todo esto lleva al inherente deseo de dale sentido a nuestras acciones, deseos, a nuestra propia identidad y existencia. Preguntas como el ¿de dónde venimos? ¿Cuál es nuestro propósito en la vida? E incluso cuestionar sobre la existencia de algo después de la muerte. Pero, ¿cuál es el verdadero trasfondo de esta necesidad de conocimiento? ¿Cuál es la finalidad de indagar cuestiones que sólo complican más la existencia? ¿Por qué no podemos conformarnos con vivir una vida sin interrogantes? ¿Es acaso esta innata necesidad de sentido lo que nos ha llevado al sitio que nos encontramos como especie? ¿Cuál hubiese sido el desenlace de la raza humana si nunca se hubieran planteado tales cuestionamientos?

¿Dónde estaría yo en estos momentos si mi mente no tuviese esa capacidad de buscar respuestas a preguntas que involucran mi misma existencia? Seguramente sería feliz. Viviría en una sociedad ignorante, rezagada, inferior. Alguien que no cuestiona es alguien que no se supera a sí mismo.

La religión es creada por el hombre para saciar un vacío dejado por la ignorancia, el desconocimiento (de la naturaleza) y la incapacidad de responder a todas las dudas existenciales.

Desde antes de la edad de bronce, en los primeros asentamientos y poblaciones sedentarias con sus deidades representando la madre tierra, la sofisticación de los griegos y sus dioses en el Olimpo, hasta nuestros días con la llegada de la cienciología y la ciencia misma como fuente de respuestas.

La humanidad crea estas ideas y las enriquece hasta concretar ideologías y religiones sólidas y sustentadas.

¿Pero sustentadas en qué? Algo que me impresiona e inquieta es, sin duda alguna, la capacidad que tenemos de autosugestión.

Idealizamos y nos volvemos fanáticos de nuestras ideologías, vemos cosas en donde no hay nada. La autosugestión nos hace ciegos a la realidad y nos hace percibir un mundo ficticio.

Además está el hecho de la utilización de alucinógenos o sustancias que alteran el estado de consciencia del individuo. Entonces… ¿hasta dónde es lo real y en dónde comienza lo no real? Persas, fenicios, egipcios. Éstas fueron las bases para las religiones venideras, las cuales fueron creadas en base a conceptos religiosos de las primeras culturas. Griegos, romanos, judíos, cristianos, musulmanes, mormones. Todas las religiones tanto antiguas como actuales son resultado de una interacción y combinación de creencias de pueblos distintos.

En pocas palabras ninguna religión es auténtica. Si no que ha sido alimentada por otras y, a su vez, influencia a muchas otras.

Entonces podemos aceptar que compartimos, sin duda, una religión base. Tal cuestión se vuelve a tal punto que, si enfocamos la problemática de las religiones bajo esta perspectiva, todo lo que le ha costado a la humanidad esta diversificación de una creencia es una tontería.

Veámoslo como un árbol genealógico disfuncional. Todas las religiones terminan integrándose si buscas sus bases y fundamentos.

Continuamos con la pregunta de: ¿qué es lo que me hace católica? Simplemente la zona en que nací. La religión en la que nacemos, o más bien, la religión y creencias que no son inculcadas desde pequeños, es el resultado de siglos y siglos de guerra y sangre.

Somos católicos porque hubo años en los que españoles colonizadores evangelizaron a los indígenas a base de espadas.

La religión con más creyentes a nivel Latinoamérica fue un suceso, sin duda, teñido de rojo.

Cosas que todos tratan de olvidar o fingen no escuchar. Fingen que tanto sufrimiento y dolor, que en aquellos tiempos justificaban con el poder divino (poder autoproclamado por los mismos dirigentes católicos, no fue más que un bien necesario.

Es así como todos nosotros en Latinoamérica somos católicos. Yo nací en una de estas familias.

Ocurre una cuestión. Existe una mala concepción de la religión misma, o como me gusta llamarlos, "católicos de mentiras".

Son los que nunca han leído la Biblia, nunca han seguido la religión como ésta indica (a diferencia de otras religiones). Más eso sí, nunca piensan dos veces en utilizar un rosario, tener su calcomanía de la virgen, gritar a los cuatro vientos su amor y fe hacia santos que su vida han investigado y tratado de conocer.

Pero pobre de ti que los llegues a cuestionar. Nadie puede cuestionar, sin primero ser cuestionado. Volvamos al punto. Mi creencia es algo que se ha formado y destrozado y vuelto a formar a lo largo de varios años. Años en los cuales las interrogantes siempre estuvieron ahí y se fueron volviendo más profundas y más serias.

Los dogmas me son tan difícil de aceptar. Soy una persona por demás inquieta, no conformista intelectualmente hablando. No me gusta que me impongan. Que traten que acepte cuestiones que no pueden ser comprobadas. Soy un "alma" que no se conforma.

A pesar de eso… parte de mí desea creer. Parte de mi "alma" quiere tener esa capacidad de dar actos y saltos de fe. Parte de mi quiere esa capacidad de no poner en juicio todo lo que humanamente fue escrito. Me cuesta creen mucho en la humanidad.

¿Por qué he de creer en algo que fue hecho por alguien que puede tener los mismos o peores defectos que yo?

No dejo de recordar que las religiones se crearon por la necesidad humana. Entonces, ¿será que en un par de milenios tengan al cristianismo, islam, judaísmo en la categoría de mitología?

No he encontrado a alguien con quien compartir mi pensar.

Me bautizaron católica de bebé, decidí un bautizo cristiano hace un par de años… y ahora estoy decidiendo vivir en el ateísmo.

Capítulo 84

08:50 am, 14 marzo, 2014

That awkward moment when you think you're important to someone, and you're not.

"So, this is my life… and I want you to know that I am both happy and sad I'm still trying to figure out how that could be." The perks of being a wallflower.

FOR MADMEN ONLY. Steppenwolf.

Las palabras siempre quedan cortas cuando tratas de expresar lo que tu mente siente, o que tu mente piensa. Es como si tuvieras toda esta energía queriendo escapar de ti. Tienes que dejar ir todo lo que por años se ha acumulado y arraigado… pero no es fácil.

Poco a poco esa energía se convierte en un abismo. Un abismo que succiona todo a su alrededor.

Un agujero negro, el cual no deja que nada se le escape. Una espiral que va acabando con tus anhelos, con tus esperanzas. Con tu vida misma.

No sé qué hice para merecer esta vida, tantos años con depresión. Tal es así que ya no puedo imaginarme sin esta carga. ¿Cómo podría sobrevivir sin este mal?

Me he convertido en una adicta al sufrimiento. Me he victimizado. No paro nunca de quejarme de esta soledad, esta tristeza. Pero al mismo tiempo, no puedo concebir otra forma de vivir.

He llegado a aceptar el hecho de vivir en esta oscuridad. Mi destino es sufrir.

Sufrir en silencio. Sufrir en soledad. Sola. Sola. Sola. Soledad, mi vieja amiga. Mi eterna compañera. Mi pasado, mi presente, mi futuro. Todo lo demás no es real. Todos son ilusiones. Son sólo distorsiones de mis sentidos. No existen. Nunca lo han hecho y nunca lo harán. Todo es una fantasía.

¿Qué soy? ¿Para qué nací? ¿Cuál es mi verdadero propósito? ¿Es acaso vivir en la oscuridad por toda la eternidad? ¿Es el vivir en soledad? ¿Es el ir consumiendo poco a poco la energía vital de mi existencia? ¿Es el de no pertenecer a ningún lugar? ¿Es ser consumida desde lo más profundo de mí ser por este vacío

tan denso? ¿Es el nunca poder ser realmente
feliz?

Alone.

Darkness.

Empty.

For madmen only.

08:50 am, 19 mayo, 2014

Nuevas ideas, nuevos pensamientos. Nueva filosofía de vida.

Todo es posible.

Soy mi mejor posibilidad para este momento. Soy mi mejor versión para este tiempo y espacio.

11:49 pm, 11 septiembre, 2014

Tantas cosas, pensamientos intrincados. Buscan escape. ¿Qué es lo que me hace ser tan distinta? ¿Por qué los demás no parecen inmutarse con las cuestiones que desafían todo lo que conocen? ¿Por qué están tan conformes viviendo una falsedad? Construimos ciudades, sociedades mismas bajo el mismo principio superficial y volátil. Pero nunca nos cuestionamos el sentido mismo de nuestras acciones. ¿Por qué? ¿Para qué?

Preferimos el mundo que creamos en base a nuestra ignorancia, en vez de los universos que subyacen en la realidad misma. Preferimos vivir sin cuestionar. Nos regimos por normas diseñadas para satisfacer anhelos y deseos utópicos.

Todo es falsedad. Todo es ilusión. Nada es real.

Todo es falsedad. Todo es ilusión. Nada es real.

Todo es falsedad. Todo es ilusión. Nada es real.

Todo es falsedad. Todo es ilusión. Nada es real.

Todo es falsedad. Todo es ilusión. Nada es real.

Todo es falsedad. Todo es ilusión. Nada es real.

Todo es falsedad. Todo es ilusión. Nada es real.

Todo es falsedad. Todo es ilusión. Nada es real.

Todo es falsedad. Todo es ilusión. Nada es real.

Todo es falsedad. Todo es ilusión. Nada es real.

Todo es falsedad. Todo es ilusión. Nada es real.

Todo es falsedad. Todo es ilusión. Nada es real.

Todo es falsedad. Todo es ilusión. Nada es real.

Todo es falsedad. Todo es ilusión. Nada es real.

Todo es falsedad. Todo es ilusión. Nada es real.

FALSEDAD. ILUSIÓN. FICCIÓN. MÁSCARAS. CRISIS.

Capítulo 87

06:48 pm, 17 noviembre, 2014

My fucked up mind.

Puedes confundir mi inexpresivo rostro con apatía. Puedes juzgar todo lo que ves. Nunca piensas más allá.

Todo es un espejismo.

Todo es un reflejo.

Mis máscaras están bien puestas. Y nadie lo nota, o a nadie le importa. No pretendas decirme que a ti sí. Que te importa lo que siento, lo que pienso y lo que soy.

Es mentira. Todo es una gran mentira.

Nada es real. Todo es volátil. Todo es etéreo.

Somos nada y a la nada volvemos.

Así que no me vengas con tus falsas promesas que de ellas mi mente se intoxica. Deja de pretender y sigue tu camino. Sigue tu vida sin dejar huellas en los demás, huellas de falsedad. Que yo ya aprendí a resguardarme de ellas y los demás no.

Que los demás no conocen el alcance de tus palabras. El filo de tus promesas. El peligro de tus sueños. Y la sangre de tus actos.

Aléjate.

All I want to do is cry.

All I need to do is cry.

Don't look back!

Don't let them see your tears.

Los mundos de los quizá puede que no los veamos, pero existen a la par de nuestras acciones cotidianas.

Soy la excusa de letargos y mentiras conectadas por días, semanas, años.

Nací un miércoles 7 de febrero en 1990. Nací por cesárea. Aparentemente no quería nacer aún. Fui la primera hija de mis padres. Un año, nueve meses después llegó mi hermana.

Desde muy chica sabía que algo no cuadraba. Nunca me sentí igual a los demás. Tuve muchos problemas socializando y acoplándome con niños de mi edad.

Mi primaria podría resumirla en una búsqueda constante de ser aceptada por mis compañeros. Sufrí mucho. Tuvieron que llevarme con un psicólogo en 4to grado. Aúnen al hecho de no tener amigos, el ser la consentida de los maestros, el tener calificaciones perfectas, el ir a concursos de aprovechamiento académico y ganar muchos reconocimientos y diplomas.

En toda la primaria si tuve 2 amigas se me hace mucho. Todas las burlas, todo el rechazo. Los niños son muy crueles.

La relación con mis primos no era tampoco la que hubiese deseado. El rechazo parece innato en mi persona. Pudiesen creer que por ser familia, ellos te tratarán con más tacto, pero no es el caso. Era y sigo siendo considerada la rara, la que no encaja, me lo han dicho a la cara.

Llegué a secundaria sintiéndome aislada, solitaria. Nadie tenía mis gustos, nadie pensaba como yo. En esta etapa todo se agudizó. Aumentó la brecha entre mis compañeros y yo. Comencé a aumentar más de peso. Desde primaria acarreo con un problema de sobrepeso.

Fue en 2002 cuando conocí a mi primera amiga fuera del ámbito escolar. Me agradaba mucho. Con ella tuve mi primer pijamada fuera de mi casa, sin que involucrase primos como participantes.

Por un pequeño lapso de tiempo mi vida fue psicológicamente más estable. Aun así, sabía que pese a que ella era mi mejor amiga, yo no lo era para ella. La inferioridad me persigue a donde sea que voy. Murió 12 días después de mi cumpleaños en 2003. Fue mi primera experiencia con la muerte. La culpa la tuvo el cáncer. Este tiempo marcó de manera significativa mis siguientes años. El verla deteriorarse rápidamente, el ver su hermoso cabello caerse de un día a otro.

Me aislé aún más que antes. Duré días sin hablar en la escuela, sin relacionarme. Mi segunda experiencia con respecto a la muerte se dio exactamente 5 meses después, con la muerte de mi abuela.

Desde que tengo memoria recuerdo lo precario de su salud. Pero la noche antes de que muriera, la vi quejándose y con dolor. Dormía en mi cuarto, así que era algo común verla algunas noches despierta. Fui a avisarle a mi mamá de que mi abuela no se encontraba bien y me quedé dormida inmediatamente después en su cama. Nunca pude despedirme.

Jamás podré dejar de sentirme culpable.

Eso fue la cereza en el pastel, puesto que un par de veces tuve actitudes que no fueron de las más adecuadas con ella. No me malinterpreten, no fueron cosas horribles ni mucho menos. Pero sí, por ejemplo, hacía como que no escuchaba cuando me hablaba para pedirme algo. Nunca le pude pedir perdón. Jamás he hablado de esto con alguien. Ni siquiera lo había escrito alguna vez. Perdóname nanita, te amo.

Mi vida siguió sin ningún cambio significativo .Todas las problemáticas seguían siendo constantes.

Se aunaron 2 compañeras nuevas a mi íntimo círculo de "amigas". Éramos 4. Pronto descubrí que yo era casi un cero a la izquierda de lo que consideraba mi grupo. Ellas se volvían más unidas y yo, pues bueno, yo comencé ahí con mi paranoia. Lo que gané de confianza murió instantáneamente.

De pronto, el rechazo, las burlas, las críticas y las miradas de mis compañeros se intensificaron. Mis sentimientos de inferioridad se cimentaron totalmente. Mis logros académicos seguían, ganado así más opositores a mi persona. Fue en esta etapa en la cual tuve mi primer crush. Irónicamente era uno de mis opositores más destacados, hasta la fecha lo es, creo.

Pudiesen pensar que el ambiente familiar amortiguaría lo anterior, pero no. Siempre la oveja negra.

Siempre.

Llegó la preparatoria.

Conocí a personas con problemas de adaptación como yo. Por primera vez me sentí identificada, perteneciente a un grupo. Cambié mi estilo. El negro fue la base de todo, el rock mi estandarte. Mis ideales sufrieron una metamorfosis.

Pero la depresión crecía. No daba tregua. No da tregua aún.

Las máscaras se volvieron más sofisticadas, los mecanismos de defensa más elevados. Y yo… yo caía en picada. Más y más profundo. Las mentiras se volvían verdades. Las ilusiones en realidades. Sigo luchando por distinguir lo falso de lo verdadero.

Me perdí a mi misma. La esencia de lo que soy. O quizá nunca la tuve. Quizá la tristeza se alimentó de ella en mis primeros años, dejándome como un cascarón vacío. Y soy yo la que no aceptó eso. Puede ser. A estas alturas ya no importa. Nada importa.

Todo lo que pude ser se esfumó. Sólo queda la pseudo-vida. Las máscaras. Olvidé mi rostro. Olvidé el color de mis ojos. De la nada vengo y a la nada volveré. El fin es algo que ya no me asusta. ¿Qué pasará después? Averigüémoslo.

Ya no tengo miedo, ya no.

Capítulo 92

11:07 pm, 22 noviembre, 2014

Friedrich está en las sombras, oculto, vigilante. No se irá jamás. Lo sé, él no tiene que decírmelo. Yo lo sé.

Son tiempos difíciles, ahora económicamente hablando. Muchas carencias y crisis. Estamos en números rojos. Y todo esto hace que me sienta más culpable, aunado al constante recordatorio de mi madre al respecto.

Sinceramente siempre me he preguntado el porqué de su odio hacia mí. Sé que en parte es algo que viene aun cargando desde que dejé medicina. Pero ya no sé a qué acuñárselo.

No soy la mejor hija, pero tampoco soy la peor escoria de toda la historia de la humanidad. Si le dijera esto mismo a ella, de alguna forma lo voltearía en mi contra para herirme. Siempre lo hace, en todo momento y contexto. Lo único que espero de verdad es no terminar con resentimientos. Siento que si leyera este diario su percepción de mi persona cambiaría un 1000%.

Y ese es mi problema. No suelo decir lo que siento a los demás. Hay barreras que me impiden comunicarme con mi familia de mi enfermedad.

No estoy curada. El hecho de no ir al psiquiatra desde hace meses y no tomar mis pastillas no significa que aquí no pasó nada. Ni siquiera sé si bloquearon de su memoria mi intento de suicidio en 2008. Están totalmente en negación.

NEW FLASH. I AM NOT OK! AND I WILL NEVER BE!

Yo ya lo acepté. No tomo mis pastillas ni voy con psiquiatra porque el momento que cumpla 25 (en unos meses más) dejaré de tener servicio médico (ISSSTESON) y tendré que pagar por todos estos gastos, bueno mis padres (como el buen parásito que sigo siendo. Mi tx. junto con las consultas es más de 4 mil pesos al mes. Así que tuve que sufrir un par de sx. de abstinencia a mis pastillas para darme cuenta del peligro (económico) al que iba a exponer a mis padres. Así que fui valiente y me dije: Fernanda vive ahorita tu crisis y no cuando ya no tengas más cómo pagarte siquiera genéricos. Y por eso I became clean. Con los riesgos de que cualquier desbalance contextual signifique una caída al precipicio.

Gracias a Alá no ha ocurrido.

Pero al igual que Friedrich, las sombras están latentes.

Friedrich está feliz.

Creo que nunca jamás en la vida había estado tan recluida. Realmente sólo tengo una amiga y un mar de conocidos o personas con las que en determinado momento llegué a convivir. Punto. Así es mi vida ahora.

No salgo, mis "amigos" se encuentran en el servicio social y ni siquiera 1 vez un mensaje. Yo ya me cansé de ser la que busca.

La hipocresía.

Si muriera hoy mi timeline e Facebook estaría dedicad a mi persona. FAKERS.

Dicen que es mejor solo que mal acompañado. Pero tengo miedo en mi caso. Mi cabeza es un lugar peligroso para durar mucho tiempo en soledad ahí. Muchos demonios y monstruos escondidos…

Friedrich lo es todo. Es lo que nunca quiero llegar a ser. Es la suma de todo el dolor, toda la maldad. Todas las máscaras que se ha roto han sido por él.

Sé que me escucha.

Susurra.

Es inteligente, está aquí. Pero no hace nada, sólo observa. ¿Qué pretende? ¿Cómo pueden coexistir tanta luz y oscuridad? Es un balance no saludable. La siguiente ya no la contaré. No puede haber una siguiente. Los gatos no tienen vidas ilimitadas. Yo ya he gastado muchísimas.

Las ideas siguen, no son tan frecuentes. Pero son viejas amigas y no planean irse nunca. Sólo las tienes que ignorar lo suficiente para que no te perturben como antes.

PARTE VI

2015

Capítulo 93

10:38 am, 09 febrero, 2015

Ya son como 4 o 5 años desde mi primer entrada en el diario. ¿Qué ha cambiado? Mucho. ¿Qué ha cambiado? Nada.

Soy la misma de siempre y a la vez he avanzado hasta tal punto en el cual ya no me reconozco. ¿Cómo pasó? ¿Cuándo sucedió?

Son cosas que no puedo responder. Cosas que nunca tendrán respuesta. Y entonces… ¿qué sigue? ¿Vivir una eternidad en una espiral autodestructiva, la cual consume a todos los que me rodean? ¿Desvanecerme poco a poco hasta que sólo quede una sombra de lo que en algún momento llegué a ser? O acaso… la respuesta es como siempre presente, la salida de emergencia.

¿Cuántas veces te he dejado en el olvido y cuántas veces no has regresado victoriosa a ocupar el lugar que te pertenece en mi mente?

Siempre latente. Siempre al asecho. Esperando. Algún día terminarás ganando la batalla y la guerra llegará a su fin.

No sé si esa idea me entristece o me ilusiona.

Estoy harta de preguntarme el por qué yo.

Creo que desde hace años me he resignado. Al igual que mi búsqueda de tratamientos. Soy la parte oscura del yin yang. Debo traer balance a la vida. Soy la depresión personificada. Soy todos los defectos que una persona puede tener.

Soy egoísta. Debo decirles esto a los demás. Deben alejarse antes que terminen en el mismo barco que yo.

La vida es una cortina, un paisaje. Nada es real. Nadie es real. Todo es un reflejo. ¿Pero de qué? ¿Quién es la mente maestra? O, ¿qué es la mente maestra?

Somos demasiado indignos para que nos respondan esto, ¿pero por qué? ¿Por qué son pocos los que se cuestionan esto? ¿Quién les dio el derecho de ser tan felizmente ignorantes? ¿Es una elección propia o es una condición innata? Si es cierto eso, elijo ser ignorante y feliz. Estoy cansada de pensar y ser tan desgraciada. ¿Acaso esto mismo vivió Nietzsche?

Quiero ver sangre correr. Quiero ver mi sangre correr. Quiero sentir desahogo. Quiero gritar. Quiero que me vean. Quiero que me abracen. Quiero sentir otra cosa que no sea oscuridad. Este vacío que me consume desde años y años. Quiero llorar. Quiero llorar lágrimas negras.

El mundo se me hace muy lejano. Como si no fuese parte de él. Tan insignificante. Tan inalcanzable. A la vez me siento tan mal agradecida.

Un conocido fue diagnosticado con linfoma y pensé que en realidad soy afortunada. Mi cabeza es el único problema y siempre me estoy quejando. Me merezco nada. No soy nada.

Si tuviese la solvencia económica para liquidar todas mis deudas, tomaría la salida de emergencia. Pero no es el caso. Y no quiero dejar más endeudados a mis padres. No lo merecen. No los merezco. A veces pienso que es un sueño.

Que la realidad no puede estar tan distorsionada. Que la humanidad no puede estar tan podrida. Que la vida debe de ser mejor de lo que es.

¿Por qué construimos tantas cosas tan superficiales? ¿Cuándo fue que perdimos el camino?

Todo me parece tan innecesario, tan banal. Nada vale la pena. ¿Por qué nadie se cuestiona eso? ¿Por qué los únicos que veo plantearse esto son los filósofos y la gente no común? ¿Qué no les importa? ¿La depresión será un elemento para el cuestionarse? Quisiera poder expresarme en arte. Poder pintar o tocar mis penas. Descargar todo lo que siento, todo lo que pienso, todo lo que soy.

¿Y si desaparezco? Quisiera poder hacerlo. Pero no soy tan desagradecida.

Hoy hice algo que no suelo hacer en realidad. Pero me siento tan pesada. La oscuridad me succiona y me impide ver claramente.

Quise decirles a mis papás. No pude, como siempre. No pude comunicarme. No se pedir ayuda.

Capítulo 94

07:20 pm, 26 febrero, 2015

Estoy a punto de quebrarme. Como muchas veces atrás. Estoy a punto de caer. Y como es de costumbre no sé si podré levantarme de nuevo.

Soy un hoyo negro. Soy un hoyo negro por el cual gravitan todas las tristezas, angustias, penas, dolor. Todo lo que gravita hacia mí termina en lo más profundo de mí ser. Sin poder salir nunca jamás.

¿Cómo cambiar algo que no quiere ser cambiado? ¿Cómo darse por vencido? ¿Cómo decirle a la parte de ti que aún se aferra a una normalidad que deje la batalla?

La guerra acabó y ya hay un ganador. En realidad nunca hubo necesidad de luchar, puesto que tuvo la ventaja desde el inicio.

La oscuridad fue a la guerra sólo para disfrutar aún más su victoria.

Todo fue un juego.

Y ahora está ahí esperando reclamar su trofeo.

¿Qué tan especial seré para ella?

Supongo que debo sentirme alagada.

Harry se iría a los 50 años, ¿cuál será mi número? Pudo haber sido a los 18, pero decidió que no era tiempo. Quisiera poder preguntarle el día. Supongo que lo sabré instantes antes.

La pregunta del millón es cuándo se cansará. Cuándo este drama se convertirá en extremo tedioso y predecible. Algo que ya lo es.

Siempre lo fue y será.

Verla a los ojos.

Y que ordene el acto final.

Friedrich lo hará. Al fin y al cabo son uno solo. Hasta entonces.

08:10 pm, 03 abril, 2015

He lied.

And I hate myself for believing him that fast. Never again.

10:23 pm, 15 abril, 2015

He was so much worse than the others.

02:15 pm, 15 mayo, 2015

Es como si todo fuese una broma. Nada es real. Todo lo es.

¿Por qué no puedo dejar de sentir esto, este sentimiento de no pertenecer?

Está extrañeza. No sé si sea una palabra. En fin.

Muy dentro de mí sé el verdadero motivo de esto.

Estoy lista.

Es hora de enfrentar las consecuencias de todo. Todo lo que pienso. Todo lo que hago. Todo lo que soy. Es hora de partir. Metafóricamente o no. Sólo el tiempo lo dirá.

Ellos esperan del otro lado. No lo voy a negar. Estoy mucho más intrigada de lo que me espera allá. Aquí, mi fecha ya expiró hace mucho tiempo. Sólo ataduras me mantienen, mi familia. La hora de soltarme llegó.

04:14 pm, 15 mayo, 2015

I fucked it up. I really messed things up. How can I turn back time? Go back to 2008!! I need to go back and choose something else like physics or engineering or something else but what I did pick at the end.

Capítulo 99

11:17 pm, 18 mayo, 2015

La naturalización de la violencia.

Somos una especie en vías de la autodestrucción.

Las potencias mundiales, EE.UU., UE, Rusia, Corea del Norte, China. Todos son peones. Tengo tanta curiosidad por saber quiénes son los verdaderos dirigentes del juego. No los gobiernos, sin duda. ¿Quiénes? ¿Por qué?

Soy curiosa. Siempre quiero conocer el porqué de todo. Pero estoy consciente que la curiosidad mató al gato y que yo no tengo 7 vidas.

El mundo es un enorme juego de ajedrez. Donde yo soy un peón que piensa, pero peón al fin y al cabo. Peón que ve la sociedad en la que vive en crisis. Una revolución se acerca. El tiempo de un conflicto global es inminente. Veos las señales.

Los demás peones o son ciegos o se hacen. Peones que prefieren vivir en una eterna ignorancia, donde la falsa felicidad y bienestar los aísla del mundo, de la realidad. Los envidio y a la vez los condeno. Mi sociedad está por caer en una anarquía. El cambio está a la vuelta de la esquina. Tengo miedo, pero sé que nos merecemos esto y más.

Pubertos y adolescentes que matan a un niño a sangre fría. Eso es en lo que nos hemos convertido como nación. Las excusas no se hacen esperar. Y las leyes cumplirán su labor de no hacer justicia.

¿Pero a quién culpar? ¿A los padres de los muchachos, a las escuelas, los gobiernos, a la porquería de programas de televisión, videojuegos, internet, sociedad?

Todos.

Todos somos esos jóvenes.

Todos somos culpables.

No merecemos lo que tenemos. Somos la perdición de ese planeta.

Capítulo 100

10:21 pm, 20 Agosto, 2015

¿Por qué a nadie le interesa? ¿Por qué son tan ególatras? ¿Por qué no ven por los demás? ¿Es acaso sólo su egocentrismo? Dios, ¡cómo me frustran!

Corea del Norte

Corea del Sur

Gaza, Palestina

Israel

Ucrania

Rusia

Egipto

Irak

Irán

Afganistán

Somalia

África en general

El medio Oriente en general

América Latina

México

Estados Unidos

A nadie le importa. Si no pasa en su calle, lo ignoran. I wish I was never born at all.

Es como si yo llevara el peso y la carga emocional de todos los de mi ciudad.

Weltschmerz

Weltschmerz

Weltschmerz

Yo

Yo

Yo

Yo

Yo

Yo

¿Cuándo parará? Claro que lo sé. Cuando mis últimos momentos se escapen de mis manos.

Con los ojos cerrados.

Ese día llegará.

Tal vez hoy. Tal vez mañana. Tal vez mucho muy después. Tal vez nunca. Tal vez el dolor de esta vida me siga.

Louis.

Louis me seguirá.

Humanízalos. Ayuda a conocerlos, da hasta cierta sensación de control.

El conocimiento es control.

El conocimiento lo es todo.

La ignorancia voluntaria es la peor cualidad de la humanidad.

Es una enfermedad.

Debe de acabar.

Louis.

Louis siempre ha estado ahí.

Él lo sabe todo, él lo siente todo.

Es el dolor personificado.

Es cada lágrima que derramo, cada lágrima que está por derramarse.

Es la esencia de la humanidad misma, en su más pura expresión.

Friedrich.

Ya lo conocen, yo también.

Es la oscuridad.

Pero a veces juegan juntos y trae consecuencias peores.

Yo soy su campo de juego. Yo no existe más.

Capítulo 101

01:05 am, 30 agosto, 2015

Cambios que crean resistencia. La tendencia a huir de las dificultades. Sólo sigo siendo la misma persona incapaz de vivir, como cualquier otro.

Deudas.

Deudas.

Tristeza.

Abrir la puerta de emergencia sigue siendo una opción tan tentadora. STOP. Sigue luchando. Pero, ¿para qué? ¿Con qué propósito? Tantos años hicieron que me perdiera en las batallas.

No sé quién soy. No sé qué quiero. No sé para donde voy. A mis 25 años soy un fracaso. No valgo la pena. Soy un ASCO.

Almost done. Almost there. But where did I lose myself?

I am not me anymore. I don't know who I am. Am I a good person? I don't know anymore. I wish I was a better daughter, sister and friend.

I want to turn back time and make everything different.

I want other version of myself. Anything but this, anyone but me.

Not me… just not me.

eye
obsession
pathetic
fuck you all
if I cant draw
hands:
I can't draw an arm.

Capítulo 102

11: 13 am, 31 Agosto, 2015

Un mes.

Un mes de internado.

Un mesa hora en la papelería.

No soy nadie.

No soy nada.

No seré nada nunca.

JAMÁS.

Jamás. Jamás. Jamás. Sólo sirvo para escribir y ni eso lo hago de forma aceptable.

Basura. Basura. Tantos sueños.

No merezco NADA.

Decepción. Otra vez, siempre.

Un mes.

Nada importa ya.

Le conté a medias de esto. Lo tomó mejor de lo que esperaba.

Capítulo 103

10:34 am, 08 septiembre, 2015

No sé lo que pasa. No sé tus motivos o intenciones y a estas alturas no sé si realmente quisiera saberlas.

Odio que a pesar de todo no pueda odiarte.

Si de verdad no lo haces a propósito, no me sorprendería. Mi mente siempre va varios pasos delante de todo.

Pero si no es así, entonces eres una persona despreciable.

¿Por qué no somos sinceros? El no hablar del tema me está consumiendo. La incertidumbre me es muy peligrosa.

HABLA YA.

Capítulo 104

04:15 PM, 20 octubre, 2015

La vida está llena de momentos clave. Momentos que pueden ser tan significativos como lo veas en ese momento.

Mi segunda epifanía llegó hace un par de semanas.

La logoterapia cambió la forma en la que percibo mi vida. El sentido que le doy a las cosas.

Pero a la vez todo sigue igual. Esa eterna dualidad mía. Esa eterna discordia entre la paz y calma; los miedos y el temor. Temor al fracaso, temor al rechazo, temor a vivir.

Se debe llegar a un balance, un equilibrio. El yin y el yang pueden coexistir en una persona, DEBEN coexistir en una persona. Un estado unipolar es incompatible con la vida. No todo es luz, no todo es oscuridad.

Todos los días es una batalla para nuestra dualidad interna. Cada día es una nueva oportunidad para salir adelante y ser la mejor versión de tu persona en este tiempo y espacio dados.

Mientras más consciente estés de tus batallas internas, más posibilidad hay de crecer con ellas.

Somos capaces de crecer con las adversidades, al igual que somos capaces de crecer con los tiempos de paz. Esa habilidad es la base de nuestra existencia, es base de la esencia misma del ser humano.

Somos capaces de crear obras maestras de belleza incomparable y somos a igual, capaces de destruirlas en cuestión de un parpadeo.

La guerra y la paz coexisten en nosotros mismos. El bien y el mal son sólo matices de nuestra existencia. Somos todo y a la vez somos nada. Somos principio y somos final. Pero sobre todo, somos más de lo que ignoramos de nosotros mismos.

Somos todo lo que ignoramos y mucho más.

21 Oct, 2015
02:35pm
WHO KNOWS?
WHO CARES?
I DO.
I DO.
I CARE.
La vida es para vivirse.
La vida es para vivirse.
La vida es para vivirse.
La vida es para vivirse.
Do not hold back.

Capítulo 105

05:00 pm, 27 octubre, 2015

¿Qué es vivir?

¿Qué es morir?

¿Qué significa estar vivo?

¿Qué habrá después?

¿Qué es el sufrimiento?

¿Cuál es su función?

¿Es realmente necesario?

¿Cuál es el sentido de todo?

¿De verdad se crece ante el sufrimiento?

¿Pero a cambio de qué?

El dolor es inherente a la vida.

La muerte es inherente al humano.

Mueres por el simple hecho de estar vivo.

¿Pero después qué?

¿Qué es lo que sigue?

¿Cuál es el siguiente paso?

¿La nada? ¿La eternidad? ¿La misma realidad?

El miedo a lo desconocido, a la nada, a la plenitud eterna, al olvido.

Ojalá supiera la respuesta.

Ojalá conociera lo que sucederá.

Prometo no decirle a nadie.

Lo prometo.

Capítulo 106

06:45 pm, 27 octubre, 2015

Somos aire.

Somos todo.

Somos nada. Somos el universo mismo.

Somos vacío.

Somos luz, somos sombra.

Somos todo, somos nada.

Todo es etéreo, volátil.

Nada es real.

Quiero ser luz, quiero ser sombra.

Quiero volver a la nada de la que vine.

Vivir en el aquí y en el ahora.

Existir.

Respirar.

Todo es un espejismo. Una ilusión.

¿Pero de quién? ¿Quién es la mente maestra? ¿Qué es lo que quiere? ¿Qué pretende?

Nada es real.

Todo es un sueño.

Quiero despertar.

Vivir en la realidad.

Quiero ser todo, quiero ser nada.

Capítulo 107

11:23 pm, 10 noviembre, 2015

Sé que estoy jugando con fuego. But I can't help it. Sé que me va a lastimar de nueva cuenta. Lo sé, me estoy preparando para eso.

La toxicidad de las relaciones se da a partir de un hola. Es una adicción. Dependencia que se convirtió en algo aún más patológico. Y es algo que se seguirá repitiéndose en las siguientes relaciones, el mismo patrón. Una vez que caes en él, es difícil romperlo.

Me es tóxico. But I can't help it.

Respondo mal a tu indiferencia, a tu manipulación. Polos opuestos se atraen: sadismo y masoquismo. Ya que los extremos, al final de cuentas, comparten las mismas características base.

Somos tan iguales y tan diferentes.

Lo único que espero es que al final tú acabes tan quemado y mal herido como yo. Que al final los dos tengamos el mismo número de cicatrices. Que ya los dos seamos inmunes al dolor que nos causamos mutuamente.

Somos fuego, somos destrucción. Somos una llama que arde y se apaga. Tú te apagas, yo me quedo. Yo recuerdo. Yo te incito a regresar.

Sabemos lo que somos y lo que no. Pero nadie nunca ha dicho nada. O tú eres el que nunca lo ha hecho… Para ti es un juego.

Eres yo, eres tú. Soy tú, soy yo. Somos todo, somos nada. Y sinceramente así seguirá hasta que alguien diga basta.

Te odio.

Te amo.

PARTE VII

Tus canciones.

Esas que nunca te pude mostrar.

Capítulo 108

TE JURO

En una noche linda y oscura

Te soñaba y soñaba hasta la locura

Fuiste el primero en mi cabeza

Y como cuento de hadas

Eras mi príncipe cual certeza

Y un día ese cuento pasó

A una realidad no muy real

Un espejismo de lo que vivo

Y juro que te soñé

Juro que te besé

Juro que te besé

Juro que te soñé

Ahora no sé si fue realidad

O una mentira muy elaborada

Ya no volverá a ser lo mismo

Te besé y nos besamos

Y dejamos que el sueño

No fuera una fantasía

Y juro que te soñé

Juro que te besé

Juro que te besé

Juro que te soñé

¿Qué esperas? Tómame, escógeme a
mí

No me dejes pensando que te volví a
soñar

No me dejes pensando que te volví a
soñar

Juro que te soñé

Juro que te besé

Juro que me besas.

Capítulo 109

ALÉJATE

Aléjate de mí

Aléjate de mí

Aléjate de mí de una buena vez

Aléjate de mí y deja en paz mi ser

No vengas con falsas promesas

Que de ellas mi mente se intoxica

Deja de pretender y sigue tu camino

Sigue tu vida sin dejar huellas en los demás

Huellas de falsedad

No vengas con falsas promesas

Que de ellas mi mente se intoxica

Que yo ya aprendí a resguardarme de ellas

Y los demás no

Que los demás no conocen el alcance de
tus sueños

El filo de tus palabras

El peligro de tus promesas

Y la sangre de tus actos

No vengas con falsas promesas

Que de ellas mi mente se intoxica

Aléjate - Aléjate

Aléjate de mí

Capítulo 110

QUIÉN SERÁ

Quién será, quien escuche tu cantar

Quién será, quien comparta tu respirar

Quién te ayudará a pasar las noches frías

Quién te ayudará a vivir el día a día en armonía

Quién cuidará de ti

Quién velará por ti

Nadie sanará tus heridas

Nadie espantará tus pesadillas

¿Alguien soñará conmigo?

¿Alguien me librará del castigo?

Llora niña… llora hasta que tu alma blanca sea. Blanca sea.

Capítulo 111

YO Y TÚ

Eres tú, soy yo.

Somos los dos.

No soy yo.

No eres tú… tal vez.

Cada uno es culpable.

Cada uno es víctima.

No tú.

Nunca yo.

Sólo fui un capricho.

Todo fue una ilusión.

El perdón tal vez no llegará.

¿Cómo será tu corazón?

¿Será tan vil y frío como tu exterior?

Tal vez sí, tal vez no.

Tal vez no debo de llevarme todo el crédito.

No sería la primera vez y no será la última.

La culpa soy yo.

Por creer que valía más,

Por creer que alguien sería capaz de amar a alguien como yo.

No hay marcha atrás.

Esta vez no.

Lo prometo.

Esto es el adiós definitivo.

Un hasta nunca, que los hasta siempre duelen mucho

Y yo ya no soportaría uno más.

Hasta nunca. Adiós. Mi amor.

En los mundos de cristal.

En los castillos de neblina.

En los ecos al vacío.

En las sombras al asecho.

En todo y en nada estás tú.

¿Cómo te olvido?

¿Cómo me alejo de una buena vez?

Estoy atada a un callejón sin salida, a una causa perdida.

Y esa, cariño, eres tú.

Sólo tú.

Fuimos nada.

Fuimos todo.

Ahora, ni eso.

Sólo existe el recuerdo… pero, amor, duele más el recuerdo de lo que quizá pudo suceder.

Ese quizá que tienta a la razón.

El quizá que se asienta en el corazón.

Fuimos un universo de posibilidades.

Un caleidoscopio de emociones fallidas.

Fuimos todo eso y más.

Y ahora, ¿qué nos queda?

A mí, una eternidad de añoranzas… de melancolía.

Y, a ti… a ti ni eso.

Fuimos todo.

Fuimos nada.

Somos todo.

Nunca jamás.

EPÍLOGO

A jueves 08 de septiembre de 2016 esto concluye.

Mi vida sigue.

Gracias por escuchar.

Gracias por seguir conmigo esto que llamo vida. Esta vida que puede ser tan similar o distinta para todos.

Seguimos en el camino, seguimos y seguiremos.

Gracias dejarme compartir una parte de mí.

CERRÓ LOS OJOS UNA VEZ
MÁS ESPERANDO QUE SUS
ÚLTIMOS MOMENTOS SE
ESCAPARAN DE LAS MANOS.